Celebrar nuestra fe

Reconciliación • Eucaristía

Michael Carotta

Harcourt
Religion Publishers

Nihil Obstat
Revdo. Richard L. Schaefer

Imprimátur
✠ Revdo. Mayor Jerome Hanus, OSB
Arzobispo de Dubuque
28 de enero del 2001
Fiesta de Santo Tomás de Aquino

The Ad Hoc Committee to Oversee the Use of the Catechism, National Conference of Catholic Bishops, has found this catechetical text, copyright 2002, to be in conformity with the *Catechism of the Catholic Church.*

El Ad Hoc Committee to Oversee the Use of the Catechism, de la National Conference of Catholic Bishops, consideró que este texto catequético, copyright 2002, está en conformidad con el *Catecismo de la Iglesia Católica.*

Nuestra misión

La misión principal de Harcourt Religion Publishers es proveer a los mercados católicos los recursos catequistas impresos y audiovisuales de mayor calidad. El contenido de estos recursos reflejan los detalles más importantes de la investigación actual teológica, metodológica y pedagógica. Estos recursos son prácticos y fáciles de usar. Están diseñados para satisfacer necesidades de mercado específicas y están escritos para reflejar las enseñanzas de la Iglesia Católica.

Photography Credits
Cover: Stained-glass windows at Zimmerman Chapel, United Theological Seminary, Dayton, Ohio. Photography by Andy Snow Photographics.

Gene Plaisted/The Crosiers—17; **Digital Imaging Group**—12, 28, 36, 37, 53, 65, 66, 74, 83, 90, 98, 106, 114, 115, 127, 130, 140, 141, 142, 143, 144; **Jack Holtel**—29, 49, 64, 87, 111, 126, 144; **Image Bank**—Stephen Wilkes: 32; **Photo Edit**—Stephen McBrady: 12; Myrleen Ferguson: 13; David Young-Wolff: 70; **James L. Shaffer**—122; **Andy Snow Photographics**—13, 64, 66, 95, 99, 103, 119, 140; **Eric Snowbeck**—78; **Stock Boston**—Bob Doemmrick: 102; **Stock Market**—Ronnie Kaufman: 118; **Tony Stone Images**—Peter Poulides: 9; Myrleen Cate: 131; **SuperStock**—Lisette Lebon: 8. Special thanks to the parish communities at St. Charles Borromeo, Kettering; St. Paul's, Oakwood; and Holy Angels, Dayton, for cooperation with photography.

Ilustration Credits
Biblical Art: Chris Vallo/The Mazer Corporation: 10–11, 18–19, 26–27, 34–35, 42–43, 50–51, 72–73, 80–81, 88–89, 96–97, 104–105, 112–113, 120–121, 128–129; **Children's Art:** 14–15, 22–23, 30–31, 38–39, 46–47, 54–55, 76–77, 84–85, 92–93, 100–101, 108–109, 116–117, 124–125, 132–133 (prepared by Chelsea Arney, Lisol Arney, Kaley Bartosik, Hannah Berry, Noah Berry, Morgan Brickley, Brittany King, Cecily King, Jackie Malone, Katie Malone, Bob Ninneman, Claudia Ninneman, Erica Ninneman, Laura Grace Ninneman, Brittany Smith, Lauren Vallo, Ryan Vallo, and the art classes of Holy Angels School, Dayton)

Printed in the United States of America

ISBN 0-15-901147-7

10   9   8   7   6   5   4   3   2   1

Celebrar nuestra fe

Reconciliación

Eucaristía

Capítulo 7

Capítulo 8

Capítulo 9

Capítulo 10

Capítulo 11

Capítulo 12

Capítulo 13

Capítulo 14

Celebrar
nuestra fe

Celebrating Reconciliation

**I will celebrate
the Sacrament of
Reconciliation
for the first time**

on

_____

(date)

at

_____

(name of church)

**I ask my family,
godparents,
teacher, classmates,
friends, and everyone in
my parish community
to help me prepare for
this celebration.**

_____

(signed)

**Here are the names
of people who are helping
me prepare
for Reconciliation.**

Celebración de la Reconciliación

**Celebraré
el sacramento de la Reconciliación
por primera vez**

el

_____

(fecha)

en

_____ .

(nombre de la iglesia)

**Les pido a mi familia, mis padrinos,
mi maestro, mis compañeros de clase, mis amigos
y a toda la comunidad parroquial
que me ayuden a prepararme para esta celebración.**

_____

(firma)

**Éstas son las firmas de las personas que me ayudan
a prepararme para la Reconciliación.**

6 : Celebración de la Reconciliación

Una bendición de iniciación

"¡El Señor es misericordioso! Es bondadoso y paciente, y su amor no falla nunca".

—Salmo 103, 8

Líder: Hoy nos reunimos para comenzar la jornada hacia la celebración de la Reconciliación.
Estamos dispuestos a aprender unos de otros y de la comunidad de nuestra Iglesia.
Y así oramos:
Dios nuestro Padre, muéstranos tu misericordia y tu amor.
Jesús, Hijo de Dios, líbranos del poder del pecado.
Espíritu Santo, ayúdanos a crecer en la caridad, la justicia y la paz.

Lector: *Lectura de Efesios 2, 4–10.*
Palabra de Dios.

Todos: **Damos gracias a Dios.**

Líder: Pedimos la bendición de Dios para esta jornada.

Todos: **Santísima Trinidad, vive en nuestros corazones.
Enséñanos a amar y a perdonar.
Ayúdanos a acudir a ti para arrepentirnos con sinceridad de nuestros pecados, y confiar en tu infinita misericordia.
Oramos las palabras que Jesús nos enseñó.
(Recen el Padrenuestro.)**

Líder: Que Dios esté con nosotros, ahora y para siempre.

Todos: **¡Amén!**

A Blessing for Beginnings

"The Lord is merciful! He is kind and patient, and his love never fails."

—Psalm 103:8

Leader: Today we gather to begin the journey toward celebrating Reconciliation.
We are ready to learn from one another and from our Church community.
And so we pray:
God our Father, show us your mercy and love.
Jesus, Son of God, deliver us from the power of sin.
Holy Spirit, help us grow in charity, justice, and peace.

Reader: *Read Ephesians 2:4–10*
The word of the Lord.

All: **Thanks be to God.**

Leader: We ask God's blessing on our journey together.

All: **Holy Trinity, live in our hearts. Teach us to love and forgive. Help us turn to you in true sorrow for sin, and trust in your never-ending mercy.
We pray in the words that Jesus taught us.
(Pray the Lord's Prayer.)**

Leader: May the Lord be with us, now and always.

All: **Amen!**

CHAPTER 1

WE BELONG

Your Life

What words would you use to describe a really good group of friends?

What does it take to become part of a good group?

What's the difference between a good group and an average group?

CAPÍTULO 1

PERTENECEMOS

Tu vida

¿Qué palabras usarías para describir un grupo de buenos amigos?

¿Qué se necesita para formar parte de un buen grupo?

¿Cuál es la diferencia entre un buen grupo y un grupo común y corriente?

8 : Somos invitados

¿A qué perteneces?

Las personas con las que compartes momentos importantes y con las que te sientes como en tu casa son tu **comunidad**. Todos necesitamos ser parte de una comunidad porque no fuimos creados para vivir solos en el mundo.

Tu familia es una comunidad al igual que tu grupo de amigos. Tú también perteneces a otra comunidad importante: la Iglesia **Católica**.

Tu comunidad católica se reúne para alabar a Dios en la misa. Celebramos los **sacramentos** y seguimos aprendiendo sobre Dios.

Probablemente sabes que tu comunidad católica es mucho más grande que el grupo de personas que ves en la iglesia los domingos. La Iglesia es un grupo mundial. De hecho la palabra *católica* significa "universal".

Vayas donde vayas por el mundo, siempre puedes ir a misa y reconocer tu participación en la comunidad católica.

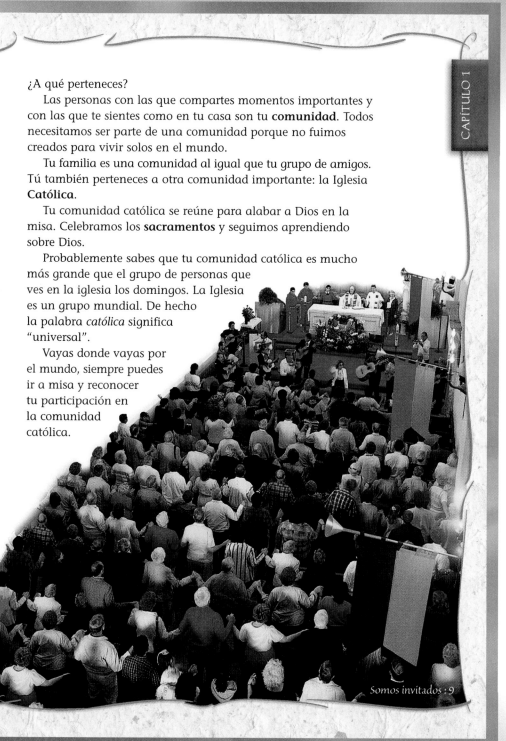

Somos invitados : 9

Where do you belong?

The people with whom you share important times and with whom you feel at home are your **community**. Everyone needs to be a part of a community. You weren't made to live alone in the world.

Your family is a community and so is your group of friends. You belong to another important community, too: the **Catholic** Church.

Your Catholic community comes together to worship God at Mass. We celebrate the **sacraments** together and continue to learn about God.

As you probably know, your Catholic community is much bigger than the group of people you see at church on Sunday. The Church is a worldwide group. In fact the word *catholic* means "universal."

No matter where you go in the world, you can always go to Mass and recognize your membership in the Catholic community.

We Are God's Children

Saint Paul traveled to Greece to tell people about Jesus. The following tells of his words and actions in the city of Athens.

Then Paul stood up at the Areopagus and said: "You Athenians, I see that in every respect you are very religious. For as I walked around looking carefully at your shrines, I even discovered an altar inscribed, 'To an Unknown God.' What therefore you unknowingly worship, I proclaim to you.

Somos los hijos de Dios

San Pablo viajó a Grecia para contarles a las personas sobre Jesús. Lo siguiente cuenta sus palabras y acciones en la ciudad de Atenas.

Entonces Pablo se puso de pie en medio del Areópago, y dijo: "Ciudadanos de Atenas, veo que son personas sumamente religiosas. Mientras recorría la ciudad contemplando sus monumentos sagrados, he encontrado un altar con esta inscripción: 'Al Dios desconocido'. Pues bien, lo que ustedes adoran sin conocer, es lo que yo vengo a anunciarles".

10 : Recordamos

"El Dios que hizo el mundo y todo lo que hay en él no vive en santuarios fabricados por humanos, pues es Señor del Cielo y de la tierra, y tampoco necesita ser servido por manos humanas, pues ¿qué le hace falta al que da a todos la vida, el aliento y todo lo demás?

Habiendo sacado de un solo tronco toda la raza humana, quiso que se estableciera sobre toda la faz de la tierra, y fijó para cada pueblo cierto lugar y cierto momento de la historia. Habían de buscar por sí mismos a Dios, aunque fuera a tientas: tal vez lo encontrarían. En realidad no está lejos de cada uno de nosotros pues en él vivimos, nos movemos y existimos, como dijeron algunos poetas suyos: 'Somos también del linaje de Dios'. Si de verdad somos del linaje de Dios, no debemos pensar que la divinidad se parezca a las creaciones del arte y de la fantasía humanas, ya sean de oro, plata o piedra".

—*Hechos de los apóstoles 17, 22–29*

Recordamos : 11

"The God who made the world and all that is in it, the Lord of heaven and earth, does not dwell in sanctuaries made by human hands, nor is he served by human hands because he needs anything. Rather it is he who gives to everyone life and breath and everything. He made from one the whole human race to dwell on the entire surface of the earth, and he fixed the ordered seasons and the boundaries of their regions, so that people might seek God, even perhaps grope for him and find him, though indeed he is not far from any one of us. For 'In him we live and move and have our being,' as even some of your poets have said, 'For we too are his offspring.' Since therefore we are the offspring of God, we ought not to think that the divinity is like an image fashioned from gold, silver, or stone by human art and imagination."

—*Acts 17:22–29*

Sacraments of Initiation

Like the people who listened to Saint Paul, we became members of the Church by being baptized. In the Sacrament of **Baptism**, we become part of the Body of Christ.

But there is more to becoming a member of the Catholic community than being baptized. Baptism is the first of three Sacraments of Initiation. The word **initiation** means "becoming a member."

Sacramentos de iniciación

Al igual que la gente que escuchó a San Pablo, nosotros nos convertimos en miembros de la Iglesia al ser bautizados. En el sacramento del **Bautismo**, nos convertimos en parte del Cuerpo de Cristo.

Pero convertirnos en un miembro de la comunidad católica es más que ser bautizados. El Bautismo es el primero de los tres sacramentos de iniciación. La palabra **iniciación** significa "convertirse en miembro".

12 : Celebramos

Confirmation is another Sacrament of Initiation. In Confirmation we confirm our baptism, make a personal decision to live the Gospel, and receive the Holy Spirit in a special way. We are joined even more closely to the Church community.

The third Sacrament of Initiation is **Eucharist.** When we receive Jesus in Holy Communion for the first time, we celebrate our membership in the Church in a special way. Eucharist joins us completely with Jesus and with the Catholic community.

You Ask

Why aren't the three Sacraments of Initiation always celebrated at the same time?

Early Christians were baptized, confirmed, and received into Eucharistic communion all at once. The same is true today for many adults and children of school age and for infants in the Eastern Rites of the Church. In the Latin Rite, Catholics baptized as infants usually receive First Communion around the age of seven and may celebrate Confirmation at that time or some time later.

(See Catechism, #1229–1233)

La **Confirmación** es otro sacramento de iniciación. En la Confirmación, afirmamos nuestro bautismo, tomamos la decisión de vivir el Evangelio y recibimos el Espíritu Santo de una manera especial. Nos unimos aún más a la comunidad eclesiástica.

El tercer sacramento de iniciación es la **Eucaristía**. Cuando recibimos a Jesús en la Sagrada Comunión por primera vez, celebramos nuestra participación en la Iglesia de una manera especial. La Eucaristía nos une completamente a Jesús y la comunidad católica.

Tú preguntas

¿Por qué no siempre se celebran los tres sacramentos de iniciación al mismo tiempo?

A los primeros cristianos los bautizaban, los confirmaban y recibían la Eucaristía al mismo tiempo. Lo mismo les sucede a muchos adultos y niños de edad escolar y a infantes en los ritos de la Iglesia oriental. En el rito latino, los católicos bautizados siendo infantes, por lo general reciben la Primera Comunión a la edad de siete años y pueden celebrar la Confirmación en ese momento o después.
(Ver Catecismo, #1229–1233)

Celebramos : 13

Living Your Faith

My Baptism

Fill in the blanks to record information about your being welcomed into the Catholic community.

I was baptized on

_____

(date)

at

_____

(name of church)

in

_____

(location of church)

My godparents are

_____

_____

List one or two ways you could remember and celebrate your baptismal day every year, thereby marking your membership into the universal Catholic community.

_____

_____

_____

_____

Vivir tu fe

Mi Bautizo

Llena los espacios en blanco para anotar información sobre tu bienvenida a la comunidad católica.

Fui bautizado el

_____

(fecha)

en

_____

(nombre de la Iglesia)

en

_____

(dirección de la Iglesia)

Mis padrinos son

_____

_____

Enumera una o dos maneras en que podrías recordar y celebrar el día de tu bautizo cada año, marcando de ese modo, tu participación en la comunidad católica universal.

_____

_____

_____

Qué es importante

Contesta estas tres preguntas considerando lo que has leído en este capítulo. Es importante que sepas esto al acercarte más al sacramento de la Reconciliación.

¿Quién eres tú? (Para contestar esta pregunta, enumera palabras que te describen.)

_____

_____

_____

Mediante los sacramentos de iniciación, ¿a quién le perteneces?

_____

_____

Entonces, ¿qué es importante que recuerdes?

_____

_____

_____

Amado Dios—Padre, Hijo y Espíritu Santo—tú me conocías antes de que naciera. Gracias por llamarme a ser parte de la comunidad católica. Ayúdame a permanecer siempre cerca de ti y a recordar quién soy y a quién le pertenezco. ¡Amén!

Vivimos la Reconciliación : 15

What's Important

Answer these three questions in light of what you've read in this chapter. This is important for you to know as you move toward the Sacrament of Reconciliation.

Who are you? (To answer this question, list words that describe you.)

_____

_____

_____

Through the Sacraments of Initiation, to whom do you belong?

_____

_____

Therefore, what's important for you to remember?

_____

_____

_____

Dear God—Father, Son, and Holy Spirit— you knew me before I was born. Thank you for calling me to be a part of the Catholic community. Help me always remain close to you and remember who I am and whose I am. Amen!

We Live Reconciliation : 15

WE CELEBRATE GOD'S LOVE

Your Life

Use an initial, a word, or a symbol to recall a time when a friend or family member really hurt your feelings—and, even if you've patched things up, it still hurts when you think about it.

What have you learned from this experience?

CAPÍTULO 2

CELEBRAMOS EL AMOR DE DIOS

Tu vida

Usa una inicial, una palabra o un símbolo para recordar un momento en el que un amigo o un familiar realmente hirió tus sentimientos, y aunque hayan hecho las paces, aún te duele cuando piensas en eso.

¿Qué has aprendido de esta experiencia?

16 : Somos invitados

Las personas no siempre actúan afectuosamente aún en las familias más amorosas. A veces, hasta los mejores amigos se hieren entre sí. Tú sabes lo que es hacer algo malo o herir a alguien. Y sabes lo que es arrepentirse y querer reconciliarse.

Pero tenemos un Dios que siempre nos da otra oportunidad.

Cuando los familiares y los amigos se perdonan es algo bueno. Cuando nos **reconciliamos,** o sea, hacemos las paces, curamos un poco nuestro dolor emocional.

Cuando **pecamos** hacemos cosas que hieren nuestra relación con Dios y con los demás. Necesitamos una manera de decir que lo sentimos y que queremos tratar de evitar pecar en el futuro. Necesitamos pedir perdón y expresar que queremos una segunda oportunidad.

Dios siempre nos ama, nos ofrece el perdón y la gracia de cambiar nuestras costumbres. Cuando queremos ser perdonados, celebramos la misericordia de Dios en el sacramento de la **Reconciliación.** Expresamos nuestro arrepentimiento por nuestros pecados y aceptamos el perdón de Dios.

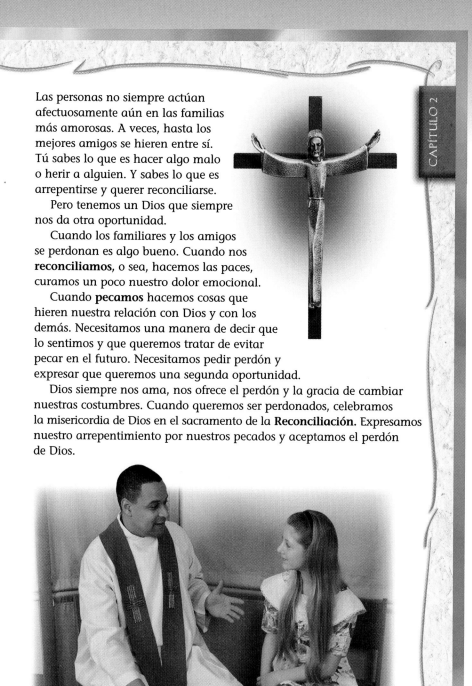

Somos invitados : 17

Even in most loving families, people do not always act lovingly. Even best friends sometimes hurt each other. You know what it is like to do something wrong or hurt someone else. And you know what it is like to feel sorry and want to make up.

But we have a God who always gives us another chance.

It's a good thing when family members and friends forgive one another. When we **reconcile,** or come back together in peace, we heal some of our emotional pain.

When we **sin,** we do things that hurt our relationship with God and with others. We need a way to come back together in peace with God and with the Church. We want to say that we are sorry and that we desire to do better by trying to avoid sin in the future. We need to ask for forgiveness and to say that we want another chance.

God always loves us. God always offers us forgiveness and the grace to change our ways. When we desire to be forgiven, we celebrate God's mercy in the Sacrament of **Reconciliation.** We express our sorrow for our sins and accept God's forgiveness.

The Forgiving Father

Jesus told this story to explain the happiness that forgiveness brings.

Then he said, "A man had two sons, and the younger son said to his father, 'Father, give me the share of your estate that should come to me.' So the father divided the property between them. After a few days, the younger son collected all his belongings and set off to a distant country where he squandered his inheritance on a life of dissipation. When he had freely spent everything, a severe famine struck that country, and he found himself in dire need. So he hired himself out to one of the local citizens who sent him to his farm to tend the swine. And he longed to eat his fill of the pods on which the swine fed, but nobody gave him any. Coming to his senses he thought, 'How many of my father's hired workers have more than enough food to eat, but here am I, dying from hunger. I shall get up and go to my father and I shall say to him, "Father, I have sinned against heaven and against you. I no longer deserve to be called your son; treat me as you would treat one of your hired workers."'

El padre que perdona

Jesús contó esta historia para explicar la felicidad que conlleva el perdón.

Jesús continuó: "Había un hombre que tenía dos hijos. El menor dijo a su padre: 'Dame la parte de la hacienda que me corresponde'. Y el padre repartió sus bienes entre los dos. El hijo menor juntó todos sus haberes, y unos días después se fue a un país lejano. Allí malgastó su dinero llevando una vida desordenada. Cuando ya había gastado todo, sobrevino en aquella región una escasez grande y comenzó a pasar necesidad. Fue a buscar trabajo y se puso al servicio de un habitante del lugar, que lo envió a su campo a cuidar cerdos. Hubiera deseado llenarse el estómago con la comida que daban a los cerdos, pero nadie le daba nada. Finalmente recapacitó y se dijo: '¡Cuántos asalariados de mi padre tienen pan de sobra, mientras yo aquí muero de hambre! Tengo que hacer algo: volveré donde mi padre y le diré: "Padre, he pecado contra Dios y contra ti. Ya no merezco ser llamado hijo tuyo. Trátame como a uno de tus asalariados"'.

"So he got up and went back to his father. While he was still a long way off, his father caught sight of him, and was filled with compassion. He ran to his son, embraced him and kissed him. His son said to him, 'Father, I have sinned against heaven and against you; I no longer deserve to be called your son.' But his father ordered his servants, 'Quickly bring the finest robe and put it on him; put a ring on his finger and sandals on his feet. Take the fattened calf and slaughter it. Then let us celebrate with a feast, because this son of mine was dead, and has come to life again; he was lost, and has been found.' Then the celebration began."

—Luke 15:11–24

"Se levantó, pues, y se fue donde su padre. Estaba aún lejos cuando su padre lo vio y sintió compasión; corrió a echarse a su cuello y lo besó. Entonces el hijo le habló: 'Padre, he pecado contra Dios y ante ti. Ya no merezco ser llamado hijo tuyo'. Pero el padre dijo a sus servidores: '¡Rápido! Traigan el mejor vestido y pónganselo. Colóquenle un anillo en el dedo y traigan calzado para sus pies. Traigan el ternero gordo y mátenlo; comamos y hagamos fiesta, porque este hijo mío estaba muerto y ha vuelto a la vida; estaba perdido y lo hemos encontrado'. Y comenzaron la fiesta".

—Lucas 15, 11–24

Recordamos : 19

Another Chance

Baptism frees us from sin, both **original sin** which we inherit from our first parents, and all personal sin. But because we are weakened from the effects of original sin, we are tempted to do what is wrong. Because we have **free will**, like the son in Jesus' story, we can choose to sin. The Sacrament of Reconciliation gives us a chance to ask God for forgiveness. It also gives us a chance to promise to do better.

Baptism, the first sacrament, is a once-in-a-lifetime sacrament. First Reconciliation is celebrated before First Communion. However, the Sacrament of Reconciliation can be celebrated at any time, again and again throughout our lives. Celebrating the Sacrament of Reconciliation is necessary in the case of serious sin. It is helpful even in the case of less serious sin. The good news is that when we are sorry and truly want to change, we are forgiven because we have a God who gives us another chance.

Otra oportunidad

El Bautismo nos libra del pecado, tanto del **pecado original** que heredamos de nuestros primeros padres, como del pecado personal. Pero como somos débiles debido a los efectos del pecado original, estamos tentados a hacer lo que está mal. Debido a que tenemos **voluntad propia** como el hijo en la historia que contó Jesús, podemos elegir el pecado. El sacramento de la Reconciliación nos da una oportunidad de pedir el perdón de Dios. También nos da una oportunidad de mejorar.

El Bautismo, el primer sacramento, es un sacramento que se celebra una vez en la vida. La Primera Reconciliación se celebra antes de la Primera Comunión. Sin embargo, el sacramento de la Reconciliación se puede celebrar en cualquier momento, una y otra vez durante nuestras vidas. La celebración del sacramento de la Reconciliación es necesaria en el caso de pecados graves. Sirve de ayuda aún en el caso de pecados menos graves. Lo bueno es que cuando nos arrepentimos y verdaderamente queremos cambiar, somos perdonados porque tenemos un Dios que nos da otra oportunidad.

20 : Celebramos

There are two main ways in which we celebrate Reconciliation. In **individual** celebrations, you (the **penitent**) meet with a priest in private. In **communal** celebrations groups of Catholics gather to pray and listen to readings from the Bible. Then each penitent speaks privately with a priest.

It's important to remember that whichever way we celebrate the sacrament, the priest acts in the name of Jesus, who brings us God's forgiving love. Like the father in Jesus' story, the priest welcomes us back home to our Catholic community.

Will God forgive you if you confess your sins in a private moment in your room before going to sleep? Yes, but it may not be as certain and clear as in the Sacrament of Reconciliation. Similarly, you could call up a friend and apologize for something and you might be pretty sure that your friend forgives you. But an apology and forgiveness in person is more certain and clear.

Even beyond that, Jesus desires that we receive the Sacrament of Reconciliation to seek forgiveness for sin and reconciliation with him and the Church. Ordinarily, this sacrament is the only way to have our mortal sins forgiven.

Hay dos maneras importantes en las que celebramos la Reconciliación. En las celebraciones **individuales**, tú (el **penitente**) te reúne en privado con el sacerdote. En las celebraciones **comunitarias**, se reúnen grupos de católicos para orar y escuchar las lecturas de la Biblia. Luego cada penitente habla en privado con un sacerdote.

Es importante recordar que de cualquier manera que celebremos el sacramento, el sacerdote actúa en el nombre de Jesús que nos ofrece el amor misericordioso de Dios. Al igual que el padre en la historia que contó Jesús, el sacerdote nos recibe de nuevo en el hogar de nuestra comunidad católica.

¿Dios te perdonará si confiesas tus pecados en privado en tu habitación antes de dormir? Sí, pero podría no ser tan seguro y claro como en el sacramento de la Reconciliación. De igual manera si llamas a un amigo y te disculpas por algo, puedes estar seguro que tu amigo te perdona. Pero una disculpa y un perdón en persona es más seguro y claro.

Incluso, Jesús desea que recibamos el sacramento de la Reconciliación para buscar el perdón por pecar y la reconciliación con Él y la Iglesia. Comúnmente, este sacramento es la única manera de que se nos perdonen nuestros pecados mortales.

Tú preguntas

¿Cuál es la diferencia entre el pecado mortal y el venial?

Los pecados graves se llaman **mortales**, es decir, "fatales". Nos alejan de la gracia y amistad de Dios. Para que un pecado se considere mortal, debe ser algo muy malo, debemos saber que es algo muy malo y tenemos que haber decidido hacerlo de todas maneras. El pecado **venial** es menos grave, pero aún así perjudica nuestra relación con Dios y los demás. (Ver Catecismo, #1855–1857)

You Ask

What is the difference between mortal sin and venial sin?

Serious sin is called **mortal,** or "deadly." It cuts us off from God's grace and friendship. For sin to be mortal, it must be seriously wrong, we must know it is seriously wrong, and we must freely choose to do it anyway. **Venial** sin is less serious, but it still hurts our relationship with God and others. (See Catechism, #1855–1857)

Living Your Faith

No Grudges

The Bible tells us to hold no grudges. Use a symbol, initial, or word that indicates the person or feeling.

Someone who held a grudge against you for a long time.

_____

_____

How did you feel?

_____

_____

Someone you are holding "a little" grudge against these days.

_____

_____

How does holding this grudge make you feel?

_____

_____

What advice would God give you about holding grudges?

_____

_____

_____

 **Vivir tu fe**

Sin rencores

La Biblia nos dice que no seamos rencorosos. Usa un símbolo, una inicial o una palabra que indique la persona o el sentimiento.

Alguien que sentía rencor por ti durante mucho tiempo.

_____

¿Cómo te sentiste?

_____

_____

Alguien por quien sientes "un poco" de rencor.

_____

¿Cómo te hace sentir este rencor?

_____

_____

¿Qué consejo te daría Dios sobre ser rencoroso?

_____

_____

_____

WELCOME HOME

Un Dios que nos da otra oportunidad

En este capítulo, se te ha recordado que perteneces a un Dios que siempre nos da otra oportunidad. Contesta estas dos preguntas como una manera de reflexionar sobre obtener o dar otra oportunidad.

¿Con quién o sobre qué deseas tener otra oportunidad? ¿Qué puedes hacer para obtenerla?

_____

_____

_____

¿Quién quiere que tú le des otra oportunidad? ¿Qué puedes hacer para darle otra oportunidad a esta persona?

_____

_____

_____

_____

Amado Dios—Padre, Hijo y Espíritu Santo—
siempre estás listo para recibirme de nuevo,
Ayúdame a regresar a ti con amor y fidelidad.
¡Amén!

Vivimos la Reconciliación : 23

A God Who Gives Us Another Chance

In this chapter, you have been reminded that you belong to a God who always gives us another chance. Answer these two questions as a way to reflect on getting or giving another chance.

With whom or concerning what do you wish you could have another chance? What can you do to get one?

_____

_____

_____

_____

Who do you think wants another chance with you? What can you do to give this person another chance?

_____

_____

_____

_____

Dear God—Father, Son, and Holy Spirit—
you are always ready to welcome me back. Help me turn to you with love and faithfulness. Amen!

WE HEAR GOOD NEWS

Your Life

Which of the following would be really good news to you at this time?

_____ One of your parents gets a raise at work.

_____ You and your best friend(s) make the same team.

_____ Someone you know who was very sick is improving.

_____ One of your favorite relatives is coming to visit.

_____ Weather conditions close school on Thursday and Friday.

_____ You are the "student of the month."

CAPÍTULO 3

OÍMOS BUENAS NOTICIAS

Tu vida

¿Cuáles de las siguientes serían buenas noticias para ti en este momento?

_____ A uno de tus padres le dan un aumento de sueldo.

_____ Tú y tu(s) mejor(es) amigo(s) son aceptados en el mismo equipo.

_____ Alguien conocido que estaba muy enfermo se está recuperando.

_____ Uno de tus familiares favoritos viene de visita.

_____ Debido a las condiciones climáticas, cierran la escuela el jueves y viernes.

_____ Tú eres el "estudiante del mes".

24 : Somos invitados

What's the best news you have ever heard? What do you do when you hear good news? Most people want to tell someone else right away. Good news is meant to be shared.

God has good news for us. God our Father sent his Son to bring us the good news of his love and forgiveness. We hear this good news whenever we hear or read the words of **Scripture**, God's word, found in the Bible.

God's good news in the Bible is especially important to share when we are feeling sorry for sin.

God's good news gives us the hope and courage we need to start again. Readings from the Bible are part of our celebration of the Sacrament of Reconciliation.

¿Cuál es la mejor noticia que jamás hayas oído? ¿Qué haces cuando oyes buenas noticias? La mayoría de las personas quieren decírselo a alguien más enseguida. Las buenas noticias hay que compartirlas.

Dios tiene buenas noticias para ti. Dios, nuestro Padre, envió a su Hijo para que nos diera las buenas noticias de su amor y perdón. Oímos estas buenas noticias cuando oímos o leemos las palabras de las **Escrituras**, la palabra de Dios, que se hallan en la Biblia.

Compartir las buenas noticias de Dios en la Biblia es especialmente importante cuando nos sentimos arrepentidos por los pecados.

Las buenas noticias de Dios nos dan la esperanza y el coraje que necesitamos para comenzar de nuevo. Las lecturas de la Biblia son parte de nuestra celebración del sacramento de la Reconciliación.

One Lost Sheep

People sometimes asked Jesus why he spent so much time with sinners. Shouldn't he be bringing the good news of God's love to holy people? Jesus answered them with a story.

"What man among you having a hundred sheep and losing one of them would not leave the ninety-nine in the desert and go after the lost one until he finds it? And when he does find it, he sets it on his shoulders with great joy and, upon his arrival home, he calls together his friends and neighbors and says to them, 'Rejoice with me because I have found my lost sheep.' I tell you, in just the same way there will be more joy in heaven over one sinner who repents than over ninety-nine righteous people who have no need of repentance."

—Luke 15:4–7

La oveja descarriada

A veces le preguntaban a Jesús por qué pasaba tanto tiempo con los pecadores. ¿No debería llevar las buenas noticias del amor de Dios a personas santas? Jesús les respondía con una historia.

"Si alguno de ustedes pierde una oveja de las cien que tiene, ¿no deja las otras noventa y nueve en el desierto y se va en busca de la que se le perdió hasta que la encuentra? Y cuando la encuentra, se la carga muy feliz sobre los hombros, y al llegar a su casa reúne a los amigos y vecinos y les dice: 'Alégrense conmigo, porque he encontrado la oveja que se me había perdido'. Yo les digo que de igual modo habrá más alegría en el cielo por un solo pecador arrepentido que por noventa y nueve honrados que no tienen necesidad de convertirse".

—Lucas 15, 4–7

Recordamos : 27

Words of Love and Mercy

Jesus' story about the lost sheep reminds us how much God loves us and wants to forgive us. This story and many others, can be found in the **Gospels**, the books of the Bible that tell about Jesus' life and teachings. The word **gospel** means "good news."

Readings from the Bible are part of the celebration of every sacrament. We call this the **Celebration of the Word of God.** These words of love and mercy help us see where we have sinned and how we can do better.

Palabras de amor y misericordia

La historia de Jesús sobre la oveja descarriada nos recuerda lo mucho que Dios nos quiere y desea perdonarnos. Esta historia y muchas otras se pueden hallar en los **Evangelios,** los libros de la Biblia que nos cuentan la vida y las enseñanzas de Jesús. La palabra **evangelio** significa "buenas noticias".

Las lecturas de la Biblia son parte de la celebración de cada sacramento. A esto llamamos la **Celebración de la palabra de Dios.** Estas palabras de amor y misericordia nos ayudan a ver dónde hemos pecado y cómo podemos mejorar.

En una celebración comunitaria de la Reconciliación, comenzamos cantando un himno. Rezamos para que Dios abra nuestros corazones para que podamos pedir perdón. Luego oímos una o más lecturas de la Biblia. El sacerdote nos ayuda a comprender lo que hemos escuchado compartiendo sus pensamientos sobre la lectura.

Cuando celebramos la Reconciliación individualmente, puede que el sacerdote nos lea o pida que leamos algo de la Biblia cuando nos reunimos por primera vez. El mensaje de la Escritura comienza nuestra celebración del amor misericordioso de Dios.

Tú preguntas

¿Cómo podemos oír a Dios cuando nos habla?

Las Escrituras son la propia palabra de Dios. Cuando oímos o leemos la Biblia como parte del sacramento de la Reconciliación, oímos el mensaje que Dios nos envía. En una celebración comunitaria de Reconciliación, la **homilía** del sacerdote nos ayuda a comprender las lecturas y aplicarlas a nuestras vidas. En una celebración individual, el sacerdote y el penitente pueden comentar juntos la lectura de las Escrituras.
(Ver Catecismo, #104, 1349)

Celebramos : 29

In a communal celebration of Reconciliation, we begin by singing a hymn. We pray that God will open our hearts so that we can ask forgiveness. Then we hear one or more readings from the Bible. The priest helps us understand what we have heard by sharing his thoughts about the reading.

When we celebrate Reconciliation individually, the priest may read or have us read a few words from the Bible when we first get together. The message of Scripture begins our celebration of God's forgiving love.

You Ask

How can we hear God speaking to us?

Scripture is God's own word. When we hear or read the Bible as part of the Sacrament of Reconciliation, we are hearing God's message for us.

In a communal celebration of Reconciliation, the priest's **homily** helps us understand the readings and apply them to our lives. In an individual celebration the priest and the penitent may discuss the Scripture reading together.
(See Catechism, #104, 1349)

Living Your Faith

Words to Live By

Which of these Bible verses has a special meaning of good news to you? Please explain below.

Psalm 23:1

Romans 8:38

Philippians 4:4

_____

_____

_____

_____

_____

_____

_____

_____

_____

_____

_____

_____

Vivir tu fe

Palabras para imitar

¿Cuál de estos versos de la Biblia tiene un significado especial de buenas noticias para ti? Por favor explica abajo.

Salmo 23, 1

Romanos 8, 38

Filipenses 4, 4

_____

_____

_____

_____

_____

_____

_____

_____

_____

_____

_____

30 : Vivimos la Reconciliación

Good News

When a person is forgiven, it's good news to that person. Use an initial, a word, or a symbol to represent a person whom you need to forgive now. (It can be someone from your past or the present.)

Buenas noticias

Cuando una persona es perdonada, son buenas noticias para esa persona. Usa una inicial, una palabra o un símbolo para representar a una persona a quien necesitas perdonar. (Podría ser una persona del pasado o del presente.)

Amado Dios—Padre, Hijo y Espíritu Santo—
que nos das las buenas noticias de tu amor.
Ayúdame a comprender tu palabra y a seguirla.
¡Amén!

Dear God—Father, Son, and Holy Spirit—
you give us the good news of your love. Help me understand your word and live by it. Amen!

WE LOOK AT OUR LIVES

Your Life

Complete these sentences.
Things that make me happy are:

_____

_____

Happiness, for me, means:

_____

_____

I'm happiest when:

_____

_____

_____

CAPÍTULO 4

CONSIDERAMOS NUESTRAS VIDAS

Tu vida

Completa estas oraciones.
Cosas que me hacen feliz son:

_____

_____

Para mí la felicidad significa:

_____

_____

Soy más feliz cuando:

_____

_____

_____

32 Somos invitados

¿Qué te hace feliz? La verdadera felicidad viene de compartir amor, amistad y buenos tiempos. Esto podría ser difícil de creer, pero Dios hizo a cada persona para que fuera realmente feliz eternamente. Como hijos de Dios, seremos más felices cuando vivamos de la manera en que Dios quiere. Ésa es la verdad.

Dios nos ama muchísimo. Él nos dio los **mandamientos** o leyes como una señal de su amor. Los mandamientos nos muestran cómo vivir como Dios quiere que vivamos. Nos muestran cómo amar a Dios y a los demás. En pocas palabras, los mandamientos nos muestran el camino a la felicidad verdadera. Esta verdad se pierde en una sociedad que sólo se fija en ropa, dinero, apariencias, poder y sexo para alcanzar la felicidad.

Somos invitados : 33

What makes you happy? Real happiness comes from sharing love, friendship, and good times. It may be hard to believe this, but God made each of us to be really happy forever. As children of God, we will be most happy when we are living the way God made us to live. That's the real truth.

God loves us so much. He gave us the **commandments**, or laws, as a sign of his love. The commandments show us how to live as God wants us to live. They tell us how to love God and others. Simply put, the commandments show us the way to real happiness. This truth gets lost in a society that seeks clothes, money, looks, power, and sex as the way to happiness.

The Great Commandment

God made a **covenant**, a lasting promise of love, with the people of Israel. God gave their leader, Moses, the commandments as a sign of the covenant. The Ten Commandments were carved on stone tablets.

But the commandments were not just laws written on stone. The people kept these words in their hearts and they honored them in their lives.

El Mandamiento Nuevo

Dios hizo una **alianza**, una promesa de amor eterno, con el pueblo de Israel. Dios le dio a su líder, Moisés, los mandamientos como una señal de la alianza. Los Diez Mandamientos se tallaron en tablas de piedra.

Pero los mandamientos no eran solo leyes escritas en piedra. Las personas conservaban estas palabras en sus corazones y las honraban en sus vidas.

34 : Recordamos

The following event took place one day when Jesus was teaching in a small town.

"There was a scholar of the law who stood up to test him and said, 'Teacher, what must I do to inherit eternal life?' Jesus said to him, 'What is written in the law? How do you read it?' He said in reply, 'You shall love the Lord, your God, with all your heart, with all your being, with all your strength, and with all your mind, and your neighbor as yourself.' He replied to him, 'You have answered correctly; do this and you will live.'"

—Luke 10:25–28

El siguiente suceso ocurrió un día en que Jesús enseñaba en un pueblo pequeño.

"Un maestro de la Ley, que quería ponerlo a prueba, se levantó y le dijo: 'Maestro, ¿qué debo hacer para conseguir la vida eterna?' Jesús le dijo: '¿Qué está escrito en la Escritura? ¿Qué lees en ella?' El hombre contestó: 'Amarás al Señor tu Dios con todo tu corazón, con toda tu alma, con todas tus fuerzas y con toda tu mente; y amarás a tu prójimo como a ti mismo'. Jesús le dijo: '¡Excelente respuesta! Haz eso y vivirás'".

—Lucas 10, 25–28

How Do You Measure Up?

We know that we do not always live as God wants us to live. We do not always honor the commandments.

When you celebrate the Sacrament of Reconciliation, you look at your life and ask the Holy Spirit to help you see where you have made wrong choices. This prayerful way of looking at your life is called an **examination of conscience.** You measure your actions against the Ten Commandments, the Beatitudes, the life of Jesus, and the teachings of the Church.

¿Cómo nos comportamos?

Sabemos que no siempre vivimos como Dios quiere que vivamos. No siempre honramos los mandamientos.

Cuando celebramos el sacramento de la Reconciliación, observas tu vida y le pides al Espíritu Santo que te ayude a ver qué deciciones incorrectas has tomado. Esta manera piadosa de ver tu vida se llama un **examen de conciencia.** Tú mides tus acciones a partir de los Diez Mandamientos, las Bienaventuranzas, la vida de Jesús y los preceptos de la Iglesia.

36 : Celebramos

Pregúntate si realmente eres feliz. Pregúntate: "¿Qué diría Jesús?" ¿Realmente vives como Dios quiere que vivas? ¿Has fallado en demostrar tu amor por Dios y los demás? ¿Has sido egoísta o pernicioso? Hacerte estas preguntas te mostrará áreas donde puedes mejorar tu relación con Dios y los demás.

El Espíritu Santo no solo te ayudará a ver dónde te has equivocado. El espíritu benigno de Dios también te mostrará cómo puedes mejorar.

Tú preguntas

¿Qué es la conciencia?

La conciencia es el don que Dios nos da. La conciencia es el juicio de nuestras mentes y corazones sobre lo malo o lo bueno de nuestras acciones. La conciencia se debe enseñar o formar, para saber la diferencia entre el bien y el mal. La palabra de Dios y los preceptos de la Iglesia nos ayudan a formar nuestra conciencia.
(Ver Catecismo, #1777, 1783)

Celebramos : 37

Ask yourself if you are really happy. Ask, "What would Jesus say?" Are you really living as God wants you to live? How have you failed to show love for God and for others? Have you been selfish or hurtful? Asking yourself these questions will show you areas where you can improve your relationship with God and with others.

The Holy Spirit will not just help you see where you have gone wrong. God's loving Spirit will also show you how you can do better.

You Ask

What is conscience?

Conscience is the gift God gives us. Conscience is the judgment of our minds and hearts about whether our actions are good or evil. Conscience must be taught, or formed, to know the difference between right and wrong. The word of God and the teachings of the Church help us form our conscience.
(See Catechism, #1777, 1783)

Living Your Faith

Who Is Happy with You?

1. Give yourself a rating from 1 to 10 for each of the following
(1 = not at all,
10 = very much).

   How happy are your teachers with you these days? _____

   How happy are your parents with you these days? _____

   How happy is your brother or sister with you these days? _____

   How happy is God with you these days? _____

   How happy are your friends with you these days? _____

2. What behavior is keeping you from a better happiness ratio with someone listed above?

   _____
   _____
   _____
   _____

3. What behavior do you need to practice in order to obtain a better happiness ratio with someone listed above?

   _____
   _____
   _____
   _____
   _____
   _____

Vivir tu fe

¿A quién haces feliz?

1. Clasifícate del 1 al 10 para cada uno de los siguientes aspectos donde
(1 = no muy, 10 = muy).

   ¿Haces felices a tus maestros? _____
   ¿Haces felices a tus padres? _____
   ¿Haces feliz a tu hermano o hermana? _____
   ¿Haces feliz a Dios? _____
   ¿Haces felices a tus amigos? _____

2. ¿Qué comportamiento previene que hagas más feliz a alguna de las personas anteriores?

   _____
   _____
   _____
   _____

3. ¿Qué comportamiento necesitas practicar para hacer más feliz a alguna de las personas anteriores?

   _____
   _____
   _____
   _____
   _____

A Little Happiness

Who needs a little happiness these days?

_____ one of my parents

_____ a sister or brother

_____ a friend

_____ a neighbor

_____ a relative

_____ a teammate

Select one or two of the persons above and write down a specific action you can take to bring them a little happiness.

_____

_____

_____

_____

_____

_____

_____

Un poco de felicidad

¿Quién necesita un poco de felicidad?

_____ uno de mis padres

_____ una hermana o un hermano

_____ un amigo

_____ un vecino

_____ un familiar

_____ un compañero de equipo

Elige a una o dos personas de las anteriores y escribe una acción específica que podrías tomar para darles un poco de felicidad.

_____

_____

_____

_____

_____

_____

_____

_____

Amado Dios—Padre, Hijo y Espíritu Santo—me has dado la mejor razón para ser feliz: tu amor. Ayúdame a vivir nuestra alianza de amor. ¡Amén!

Dear God—Father, Son, and Holy Spirit— you've given me the best reason to be happy: your love. Help me live our covenant of love. Amen!

CHAPTER 5

WE ASK FORGIVENESS

Your Life

Use initials, words, or a symbol to complete the following statement:
A really poor decision I made that I wish I could change is

CAPÍTULO 5

PEDIMOS PERDÓN

Tu vida

Usa iniciales, palabras o un símbolo para completar el siguiente enunciado:
Una decisión realmente mala que desearía cambiar es

40 : Somos invitados

Everyone makes mistakes. Everyone makes wrong choices at some time. But when you choose to do something you know is wrong, you sin. Sin is not the same thing as making a mistake. Nor is it always just a matter of feeling bad about ourselves or of making someone else feel bad, right now or sometime later. Others may never be aware of the effects our sins may have on them.

Sin hurts. It hurts you and it hurts others. Part of healing the hurt is taking **responsibility** for your actions. The Sacrament of Reconciliation gives you a way to admit that you did wrong, and it gives you a way to make things right with God's help.

In the sacrament you **confess**, or tell, your sins. You are given a **penance** to do. Accepting and doing your penance is a sign that you want to grow to be a loving person and want to repair the harm caused by sin.

Todos cometemos errores. Todos hemos tomado malas decisiones. Pero cuando decides hacer algo que sabes que está malo, pecas. Pecar no es lo mismo que cometer un error. Ni tampoco es simplemente sentirse mal sobre sí mismo o hacer sentir mal a alguien más, en ese momento o después. Quizás los demás nunca se den cuenta de cómo los afectan nuestros pecados.

Pecar hace daño. Te hiere a ti y a los demás. Hacerte **responsable** por tus propias acciones es parte de curar esas heridas. El sacramento de la Reconciliación te da una manera de admitir que has hecho mal y te da una manera de corregir los errores con la ayuda de Dios.

En el sacramento te **confiesas**, o sea, dices tus pecados. Se te da una **penitencia.** Aceptar y hacer tu penitencia es un signo de que quieres crecer para ser una persona amorosa y quieres reparar el daño causado por el pecado.

The Man Who Changed His Life

The following is a story of a man who knew he was doing wrong and who wanted, with God's help, to make up for what he had done.

My name is Zacchaeus. My job is collecting taxes. I've never been very popular because no one likes to pay taxes. Also, I'm short, so people sometimes make fun of me. I used to make myself feel better by cheating people. I charged too much in taxes and kept the extra money for myself.

Then I heard about Jesus, the great teacher. He was very popular. Everybody wanted to see him. I heard he healed people and forgave sins.

One day Jesus came to our town. The crowds were so big I couldn't see, so I climbed a tree. You can imagine how surprised I was when Jesus stopped and looked straight up at me.

"Zacchaeus!" he said, smiling. "Come down! I want to eat lunch at your house today!"

"Me?" I said. "Nobody wants to eat with me!"

"That's right," the people grumbled. "We don't eat with sinners. This man cheats and steals!"

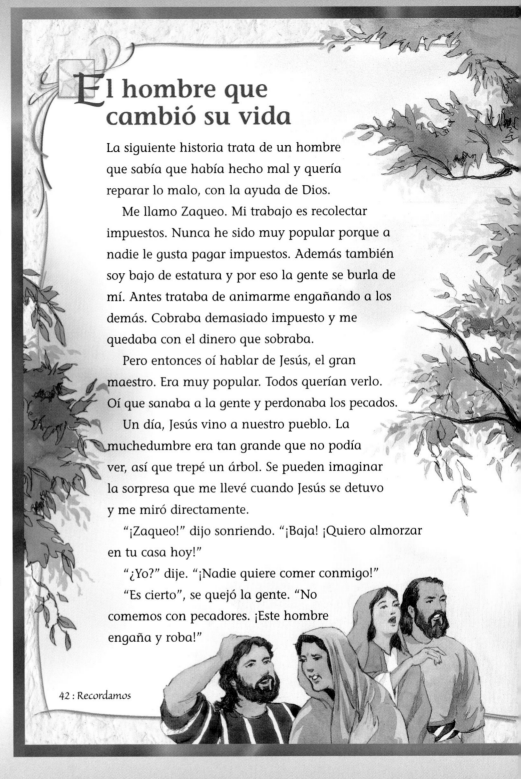

El hombre que cambió su vida

La siguiente historia trata de un hombre que sabía que había hecho mal y quería reparar lo malo, con la ayuda de Dios.

Me llamo Zaqueo. Mi trabajo es recolectar impuestos. Nunca he sido muy popular porque a nadie le gusta pagar impuestos. Además también soy bajo de estatura y por eso la gente se burla de mí. Antes trataba de animarme engañando a los demás. Cobraba demasiado impuesto y me quedaba con el dinero que sobraba.

Pero entonces oí hablar de Jesús, el gran maestro. Era muy popular. Todos querían verlo. Oí que sanaba a la gente y perdonaba los pecados.

Un día, Jesús vino a nuestro pueblo. La muchedumbre era tan grande que no podía ver, así que trepé un árbol. Se pueden imaginar la sorpresa que me llevé cuando Jesús se detuvo y me miró directamente.

"¡Zaqueo!" dijo sonriendo. "¡Baja! ¡Quiero almorzar en tu casa hoy!"

"¿Yo?" dije. "¡Nadie quiere comer conmigo!"

"Es cierto", se quejó la gente. "No comemos con pecadores. ¡Este hombre engaña y roba!"

Pero Jesús tomó su mano. Casi me caí del árbol. Guié a Jesús derecho a mi casa. Les di a él y a sus amigos un gran almuerzo. Y luego sin pensarlo, me puse a llorar.

"Lo siento", le dije a Jesús. "Esa gente tenía razón. Soy un pecador. Engañé y robé. Pero quiero cambiar mi vida. De ahora en adelante, con la ayuda de Dios, no engañaré ni robaré. Y le pagaré el cuádruple a todo al que haya engañado".

Jesús me abrazó. "Hoy", dijo Jesús, "¡El perdón de Dios ha llegado a esta casa!"

—basado en Lucas 19, 1–10

But Jesus just held out his hand. I nearly fell out of the tree. I led Jesus straight to my house. I fed him and his friends a big lunch. And then before I knew it, I was crying.

"I'm sorry," I told Jesus. "Those people were right. I am a sinner. I did cheat. I did steal. But I want to change my life. From this day on, with God's help, I will never cheat or steal. And I will give back four times the amount to everyone I've ever cheated."

Jesus gave me a hug. "Today," Jesus said, "God's forgiveness has come to this house!"

—based on Luke 19:1–10

Confession and Penance

Zacchaeus confessed his sins to Jesus. Then he tried to repair the harm for what he had done wrong.

In the Sacrament of Reconciliation, you follow this example. You confess your sins to the priest, who acts in the name of Jesus; then you talk with the priest about how, with the help of God, you can make things right.

The priest gives you a penance to do. The penance may be to spend some time praying. Or it may be an action connected to the sin, such as returning stolen property or helping repair something broken.

La confesión y la penitencia

Zaqueo le confesó sus pecados a Jesús. Luego trató de reparar el daño por lo que había hecho mal.

En el sacramento de la Reconciliación, tú sigues este ejemplo. Confiesas tus pecados al sacerdote, quien actúa en nombre de Jesús; luego hablas con el sacerdote sobre cómo corregir los errores con la ayuda de Dios.

El sacerdote te da una penitencia. La penitencia podría ser pasar un tiempo rezando. O podría ser una acción conectada con el pecado, como devolver la propiedad robada o ayudar a reparar algo que se quebró.

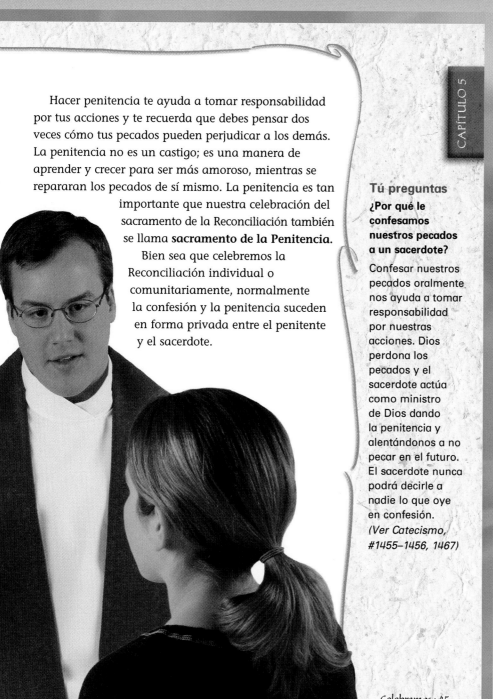

Hacer penitencia te ayuda a tomar responsabilidad por tus acciones y te recuerda que debes pensar dos veces cómo tus pecados pueden perjudicar a los demás. La penitencia no es un castigo; es una manera de aprender y crecer para ser más amoroso, mientras se repararan los pecados de sí mismo. La penitencia es tan importante que nuestra celebración del sacramento de la Reconciliación también se llama **sacramento de la Penitencia.**

Bien sea que celebremos la Reconciliación individual o comunitariamente, normalmente la confesión y la penitencia suceden en forma privada entre el penitente y el sacerdote.

Tú preguntas

¿Por qué le confesamos nuestros pecados a un sacerdote?

Confesar nuestros pecados oralmente nos ayuda a tomar responsabilidad por nuestras acciones. Dios perdona los pecados y el sacerdote actúa como ministro de Dios dando la penitencia y alentándonos a no pecar en el futuro. El sacerdote nunca podrá decirle a nadie lo que oye en confesión. *(Ver Catecismo, #1455–1456, 1467)*

Celebramos : 45

Doing penance helps you take responsibility for your actions and reminds you to think twice about how your choices for sin can and do hurt others. Penance is not punishment; it is a way to learn and grow to be more loving, while making up for one's sins. Penance is so important that our celebration of the Sacrament of Reconciliation is also called the **Sacrament of Penance.**

Whether we celebrate Reconciliation individually or communally, normally confession and the giving of a penance take place privately between the penitent and the priest.

You Ask

Why do we confess our sins to a priest?

Confessing our sins verbally helps us take responsibility for our actions. God forgives sin, and the priest acts as God's minister by listening to our confession, giving us a penance, and encouraging us to avoid sin in the future. The priest is never permitted to tell anyone what he hears in confession. *(See Catechism, #1455–1456, 1467)*

Living Your Faith

Practice Penance

In the first column, draw or write about a wrong choice. In the second column, draw or write about something that will make things right with God's help.

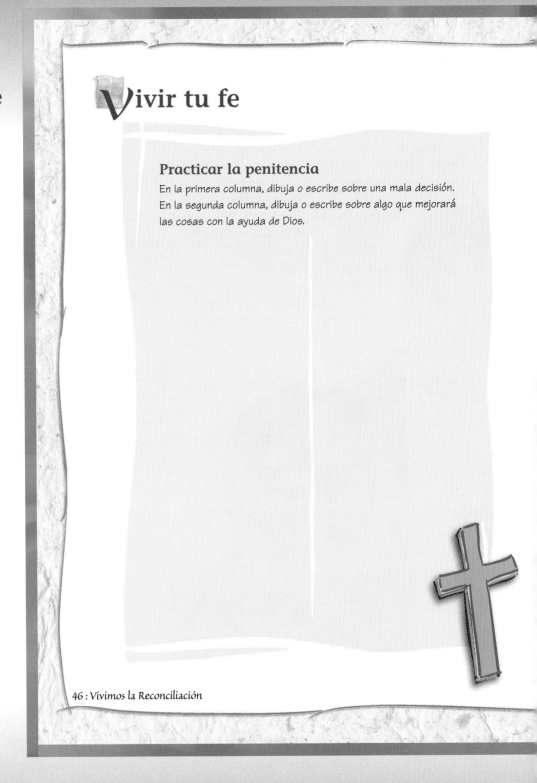

Vivir tu fe

Practicar la penitencia

En la primera columna, dibuja o escribe sobre una mala decisión. En la segunda columna, dibuja o escribe sobre algo que mejorará las cosas con la ayuda de Dios.

46 : Vivimos la Reconciliación

I'm Sorry

Un buen consejo

Regresa a la pregunta al comienzo de este capítulo y repasa la situación que describiste allí. Basándote en lo que comentamos en este capítulo, ¿fue tu decisión y la acción que produjo un error o un pecado? Ahora, escribe un buen consejo que te podrías dar a ti mismo para evitar que se repita este tipo de comportamiento.

Amado Dios—Padre, Hijo y Espíritu Santo— me llamas para hacer las paces cuando cometo errores. Ayúdame a pedir perdón, hacer penitencia y aprender de mis errores. ¡Amén!

Good Advice

Go back to the statement at the beginning of this chapter and review the situation you described. Based on what was discussed in this chapter, was your decision and the action to which it led a mistake or a sin? Now write down good advice you can give yourself in order to avoid repeating this kind of behavior.

Dear God—Father, Son, and Holy Spirit— you call me to make peace when I do wrong. Help me ask for forgiveness, do penance, and learn from my mistakes. Amen!

CHAPTER 6

WE GO FORTH IN PARDON AND PEACE

Your Life

With an initial, word, or symbol, answer the following statements.

Recall a time when someone gave you a very sincere apology that helped reconcile things between you and that person.

_____

_____

Recall a time when you offered an apology—but you didn't do it as well as you wanted to.

_____

_____

Recall a time when you gave someone a good apology and it reconciled things between you and the other person.

_____

_____

CAPÍTULO 6

PERDONADOS Y EN PAZ

Tu vida

Con una inicial, una palabra o un símbolo, contesta los siguientes enunciados. Recuerda un momento en que alguien te dio una disculpa sincera que ayudó a resolver las cosas entre ustedes.

_____

_____

Recuerda un momento en que ofreciste una disculpa, pero no lo hiciste tan bien como querías.

_____

_____

Recuerda un momento en que le diste a alguien una buena disculpa y resolvió las cosas entre ustedes.

_____

_____

Las palabras, los gestos, como un abrazo o un apretón de manos, y a veces las lágrimas, son señales de que estás arrepentido.

En el sacramento de la Reconciliación, muestras arrepentimiento por los pecados al rezar un **Acto de Contrición.** En esta oración le dices a Dios lo arrepentido que estás por haber pecado, prometiendo mejorar y evitando pecar en el futuro.

Al rezar el Acto de Contrición haces el gesto que indica que, con la gracia de Dios, quieres que te perdonen tus malas decisiones y quieres la oportunidad de comenzar otra vez.

El sacerdote te da la **absolución** después de tu Acto de Contrición, en el nombre de Dios y la Iglesia. Comienzas nuevamente, con alegría y esperanza, atraído y motivado por la gracia de responder al amor misericordioso de Dios que nos amó primero.

Words, gestures, like a hug or a handshake, and sometimes tears are a sign that you are sorry.

In the Sacrament of Reconciliation, you show sorrow for sin by praying an **Act of Contrition.** In this prayer you tell God how sorry you are for having sinned and promise to do better and try to avoid sin in the future.

By praying the Act of Contrition, you are making the gesture that says, with God's grace, you want your wrong choices to be forgiven and want the chance to start over.

The priest gives you **absolution** after your Act of Contrition, in the name of God and the Church. You start fresh, with gratitude and hope, drawn and moved by grace to respond to the merciful love of God who loved us first.

Somos invitados : 49

The Forgiven Woman

The following is the story of a woman who told Jesus she was sorry. In return she received forgiveness, happiness, and love.

I knew everyone was looking at me. After all, I was known all over town as a terrible sinner. No one had invited me to this banquet at the house of Simon, a holy man.

But I had to see Jesus. I had to let him know that I wasn't a sinner anymore. I had been given the great gift of God's loving forgiveness.

I couldn't help it. As soon as I saw Jesus, I fell down before him. My tears washed the dust from his feet. My hair dried them. Then I poured sweet perfumed oil on his feet. The jar had cost me everything I had in the world, but it was worth it.

La mujer perdonada

La siguiente historia trata de una mujer que le dijo a Jesús que estaba arrepentida. A cambio, ella recibió perdón, felicidad y amor.

Sabía que todos me miraban. Después de todo, a mí me conocían en el pueblo como una terrible pecadora. Nadie me había invitado al banquete en la casa de Simón, un hombre santo.

Pero tenía que ver a Jesús. Tenía que decirle que ya no era pecadora. Había recibido el gran regalo del amor misericordioso de Dios.

No pude evitarlo. Apenas vi a Jesús, me caí frente a él. Mis lágrimas lavaron el polvo de sus pies. Mi cabello los secó. Luego, eché aceite perfumado en sus pies. El frasco me había costado todo lo que tenía en este mundo, pero valía la pena.

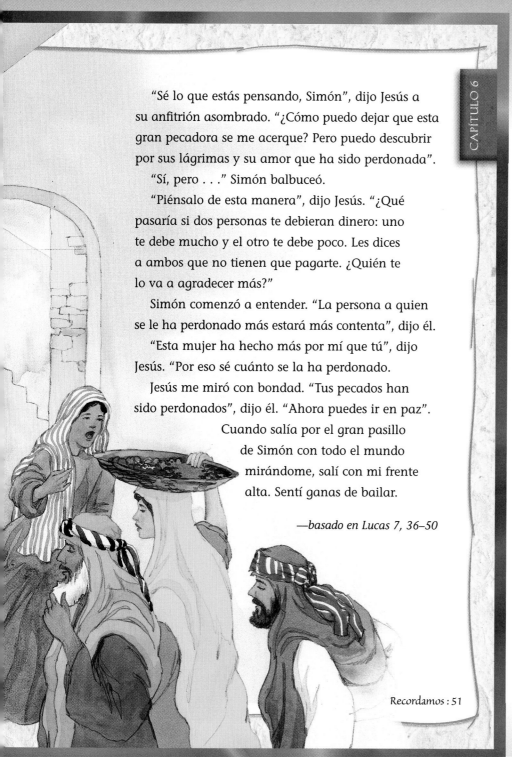

"Sé lo que estás pensando, Simón", dijo Jesús a su anfitrión asombrado. "¿Cómo puedo dejar que esta gran pecadora se me acerque? Pero puedo descubrir por sus lágrimas y su amor que ha sido perdonada".

"Sí, pero . . ." Simón balbuceó.

"Piénsalo de esta manera", dijo Jesús. "¿Qué pasaría si dos personas te debieran dinero: uno te debe mucho y el otro te debe poco. Les dices a ambos que no tienen que pagarte. ¿Quién te lo va a agradecer más?"

Simón comenzó a entender. "La persona a quien se le ha perdonado más estará más contenta", dijo él.

"Esta mujer ha hecho más por mí que tú", dijo Jesús. "Por eso sé cuánto se la ha perdonado.

Jesús me miró con bondad. "Tus pecados han sido perdonados", dijo él. "Ahora puedes ir en paz".

Cuando salía por el gran pasillo de Simón con todo el mundo mirándome, salí con mi frente alta. Sentí ganas de bailar.

—basado en Lucas 7, 36–50

Recordamos : 51

"I know what you're thinking, Simon," Jesus said to his shocked host. "How can I let this great sinner anywhere near me? But I can tell by her tears and her love that she has been forgiven."

"Yes, but . . ." Simon sputtered.

"Think of it this way," Jesus said. "What if two people owe you money— one a lot and one a little. You tell both of them they don't have to pay. Which one is going to be more grateful?"

Simon began to understand. "The person who has been forgiven more will be happier," he said.

"This woman has done more for me than you did," Jesus said. "That's how I know how much she has been forgiven."

Jesus looked at me with kindness. "Your sins are forgiven," he said. "Now go in peace." As I walked out of Simon's great hall with everyone's eyes on me, I held my head up. I felt like dancing.

—based on Luke 7:36–50

Contrition and Absolution

It's a mistake to think God automatically forgives people. Contrition, or sorrow for sin, is necessary for accepting God's forgiveness. There are many versions of the Act of Contrition, but each one says the same thing. We have sinned and we are sorry. We ask God's forgiveness and we promise to do better.

In a communal celebration of the sacrament, our prayer of contrition is followed by a **litany** spoken by the whole group. The Lord's Prayer always concludes the litany. In individual celebrations, the penitent prays an Act of Contrition after confessing and receiving penance.

La contrición y la absolución

Es un error pensar que Dios perdona a las personas automáticamente. La contrición, o el dolor por haber pecado, es necesaria para aceptar el perdón de Dios. Hay muchas versiones del Acto de Contrición, pero cada una dice la misma cosa. Hemos pecado y estamos arrepentidos. Pedimos el perdón de Dios y prometemos mejorar.

En una celebración comunitaria del sacramento, nuestra oración de contrición es seguida por una **letanía** que la dice todo el grupo. El Padrenuestro siempre concluye la letanía. En las celebraciones individuales, el penitente reza un Acto de Contrición después de confesar y recibir la penitencia.

52 : Celebramos

El sacramento de la Reconciliación casi siempre incluye una absolución privada que el sacerdote otorga al penitente. Sosteniendo su mano como un símbolo de la bendición del Espíritu Santo, el sacerdote dice: "Por el clero de la Iglesia, que Dios te **perdone** y te dé paz, y te absuelvo de tus pecados en el nombre del Padre, del Hijo y del Espíritu Santo". Nosotros contestamos: "Amén".

Nuestra celebración casi siempre termina con una canción de gozo o una oración de gracias a Dios. Como la mujer que Dios perdonó, expresamos nuestro agradecimiento por su amor y misericordia. Luego se nos anima a seguir adelante en paz.

Tú preguntas

¿Qué logramos con el sacramento de la Reconciliación?

El sacramento de la Reconciliación hace exactamente lo que su nombre describe. Mediante la confesión y absolución sacramentales, nos **reconciliamos,** o sea, nos acercamos más a Dios.

El sacramento de la Reconciliación tiene otros efectos. Nos reconciliamos con nuestra propia conciencia permitiéndonos sentir una paz interna. Nos reconciliamos con los demás, especialmente a los que hemos herido. Nos reconciliamos con la comunidad cristiana, fortaleciendo a toda la Iglesia. Y nos reconciliamos con toda la creación de Dios.
(Ver Catecismo, #1469)

Celebramos : 53

The Sacrament of Reconciliation almost always includes private absolution of the penitent by the priest. Holding out his hand as a sign of the Holy Spirit's blessing, the priest prays, "Through the ministry of the Church, may God give you **pardon** and peace, and I absolve you from your sins in the name of the Father, and of the Son, and of the Holy Spirit." We answer, "Amen."

Our celebration almost always ends with a joyful song or prayer of thanks to God. Like the woman whom Jesus forgave, we express our gratitude for God's love and mercy. We are then encouraged to go forth in peace.

You Ask

What does the Sacrament of Reconciliation do for us?

The Sacrament of Reconciliation does exactly what its name describes. Through sacramental confession and absolution, we are **reconciled,** or brought back closer to God.

The Sacrament of Reconciliation has other effects. We are reconciled with our own conscience, allowing us to feel inner peace. We are reconciled with others, especially those whom we have hurt. We are reconciled with the Christian community, making the whole Church stronger. And we are reconciled with all God's creation.
(See Catechism, #1469)

Living Your Faith

I Promise to Do Better

Create your own Act of Contrition, which you can say anytime, regarding any sin. Then give your Act of Contrition a title in order to make it your own prayer.

_____

_____

_____

_____

_____

_____

_____

_____

_____

_____

_____

_____

_____

_____

ivir tu fe

Prometo mejorar

Crea tu propio Acto de Contrición, el cual puedes decir en cualquier momento, con respecto a cualquier pecado. Luego dale un título a tu Acto de Contrición para convertirlo en tu propia oración.

_____

_____

_____

_____

_____

_____

_____

_____

_____

_____

_____

Letting Go

Because of God's love found in the Sacrament of Reconciliation and found also in friends who forgive, you don't have to hold on to something you've done wrong in the past. Use an initial or word to signify something of which you want to let go. Use an initial or word to signify something new that will help you move forward.

_____

_____

_____

_____

_____

_____

_____

_____

_____

_____

Dear God—Father, Son, and Holy Spirit— you free me from sin when I repent. Help me accept your forgiveness and grow in peace and love. Amen.

Olvidar

Debido al amor de Dios, que se halla en el sacramento de Reconciliación y también en amigos que perdonan, no tienes que aferrarte a algo que hiciste mal en el pasado. Usa una inicial o palabra para representar algo nuevo que te ayude a olvidar y seguir adelante.

_____

_____

_____

_____

_____

_____

_____

_____

_____

_____

_____

Amado Dios—Padre, Hijo y Espíritu Santo— me libras del pecado cuando estoy arrepentido. Ayúdame a aceptar tu perdón y a crecer en paz y amor. ¡Amén!

Oraciones católicas

La Señal de la Cruz

En el nombre del Padre,
del Hijo
y del Espíritu Santo.
Amén.

El Padrenuestro

Padre nuestro, que estás en el cielo,
santificado sea tu nombre;
venga a nosotros tu reino;
hágase tu voluntad en la tierra como en el cielo.
Danos hoy nuestro pan de cada día
y perdona nuestras ofensas
como nosotros perdonamos a los que nos ofenden.
No nos dejes caer en tentación
y líbranos del mal.
Amén.

El Avemaría

Dios te salve, María, llena eres de gracia;
el Señor está contigo.
Bendita tú eres entre todas las mujeres
y bendito es el fruto de tu vientre, Jesús.
Santa María, Madre de Dios,
ruega por nosotros, pecadores,
ahora y en la hora de nuestra muerte.
Amén.

El Gloria (Doxología)

Gloria al Padre,
y al Hijo,
y al Espíritu Santo,
como era en un principio,
ahora y siempre,
por los siglos de los siglos.
Amén.

Yo Confieso

Yo confieso ante Dios todopoderoso
y ante ustedes hermanos,
que he pecado mucho de pensamiento,
palabra, obra y omisión.
Por mi culpa, por mi culpa,
por mi gran culpa.
Por eso ruego a Santa María, siempre Virgen,
a los ángeles, a los santos y a ustedes hermanos,
que intercedan por mí
ante Dios, nuestro Señor.

Acto de Contrición

Dios mío,
con todo mi corazón me arrepiento de todo el mal
que he hecho y de todo lo bueno que he dejado de
hacer.
Al pecar, te he ofendido a Ti, que eres el Supremo Bien
y digno de ser amado sobre todas las cosas.
Propongo firmemente, con la ayuda de tu gracia,
hacer penitencia, no volver a pecar y huir
de las ocasiones del pecado.
Señor, por los méritos de la pasión de nuestro Salvador
Jesucristo, apiádate de mí.

La Oración de Jesús

Señor Jesús, Hijo de Dios,
ten misericordia de mí, un pecador.
Amén.

Nuestra guía moral

El Mandamiento Nuevo del Señor

"Amarás al Señor, tu Dios, con todo tu corazón,
con toda tu alma, con toda tu fuerza, y con
toda tu mente; y a tu prójimo como a ti mismo".

—Lucas 10, 27

Las Bienaventuranzas

"Bienaventurados los pobres de espíritu,
  porque de ellos es el reino de los cielos.
Bienaventurados los que lloran,
  porque ellos serán consolados.
Bienaventurados los mansos,
  porque ellos poseerán en herencia la tierra.
Bienaventurados los que tienen hambre y sed de justicia,
  porque ellos serán saciados.
Bienaventurados los misericordiosos,
  porque ellos alcanzarán misericordia.
Bienaventurados los limpios de corazón,
  porque ellos verán a Dios.
Bienaventurados los que buscan paz,
  porque ellos serán llamados hijos de Dios.
Bienaventurados los perseguidos por causa de la justicia,
  porque de ellos es el Reino de los cielos".

—Mateo 5, 3–10

Los Diez Mandamientos

1. **Yo soy el Señor, tu Dios. No tendrás a dioses ajenos delante de mí.**
   Pon a Dios ante todas las cosas de tu vida.

2. **No tomarás el nombre de Dios en vano.**
   Respeta el nombre de Dios y las cosas sagradas. No uses palabras malas.

3. **Acuérdate de santificar el día del Señor.**
   Participa en la misa los domingos y días sagrados. En esos días, no trabajes sin necesidad.

4. **Honra a tu padre y a tu madre.**
   Obedece y muestra respeto a tus padres y a otras personas que son responsables de ti.

5. **No matarás.**
   No lastimes ni a ti mismo ni a otros. Cuida todas las formas de vida.

6. **No cometerás adulterio.**
   Respeta el matrimonio y la vida de familia. Respeta tu cuerpo y los cuerpos de los demás.

7. **No robarás.**
   Respeta la creación y las cosas que pertenecen a otras personas. No hagas trampas.

8. **No dirás falso testimonio contra tu prójimo.**
   Di la verdad. No seas chismoso.

9. **No codiciarás la mujer de tu prójimo.**
   Sé fiel a tus parientes y amigos. No seas celoso.

10. **No codiciarás los bienes de tu prójimo.**
    Comparte lo que tienes. No seas envidioso de las posesiones de otros. No seas codicioso.

Preceptos de la Iglesia

1. Participa en la misa los domingos y los días sagrados. Considera como sagrados estos días y evita el trabajo innecesario.
2. Celebra el sacramento de la Reconciliación al menos una vez al año si tienes pecados graves.
3. Recibe la Sagrada Comunión al menos una vez al año durante la Pascua.
4. Ayuna y guarda abstinencia en los días de penitencia.
5. Ofrece tu tiempo, tus habilidades y tu dinero para apoyar a la Iglesia.

Obras de misericordia

Corporales (para el cuerpo)

Da de comer a los hambrientos.

Da de beber a los sedientos.

Viste a los desnudos.

Da posada al peregrino.

Visita a los enfermos.

Visita a los encarcelados.

Entierra a los muertos.

Espirituales (para el espíritu)

Advierte al pecador.

Enseña al ignorante.

Aconseja a los que dudan.

Consuela a los tristes.

Soporta las injusticias con paciencia.

Perdona las injurias.

Ora por los vivos y los muertos.

Examen de conciencia

1. Examina tu vida. Compara tus acciones y decisiones con las Bienaventuranzas, los Diez Mandamientos, el Mandamiento Nuevo del Señor y los preceptos de la Iglesia.

2. Pregúntate:
   - ¿En cuáles ocasiones no he hecho lo que Dios quiere que haga?
   - ¿A quién he lastimado?
   - ¿Qué he hecho sabiendo que era incorrecto?
   - ¿Qué no he hecho que debía haber hecho?
   - ¿Dejé de mencionar algún pecado grave en mi última confesión?
   - ¿He hecho penitencia? ¿He hecho todo lo posible por remediar los pecados del pasado?
   - ¿He cambiado mis malos hábitos?
   - ¿Estoy sinceramente arrepentido de mis pecados?

3. Además de confesar tus pecados, quizá desees hablar con el sacerdote sobre una o más de las preguntas anteriores.

4. Reza por la ayuda del Espíritu Santo para que puedas cambiar y comenzar de nuevo.

Celebrar el sacramento de la Reconciliación

Rito comunitario de la Reconciliación

- Antes de celebrar el sacramento de la Reconciliación, toma tiempo para examinar tu conciencia. Pídele ayuda al Espíritu Santo.

1. **Ritos iniciales**

   Canta con los demás el primer himno. El sacerdote saludará a los congregantes y pronunciará la oración inicial.

2. **Lectura de las Escrituras**

   Escucha la palabra de Dios. Puede haber más de una lectura, con un himno o un salmo en medio. La última lectura se sacará de uno de los Evangelios.

3. **Homilía**

   Escucha mientras el sacerdote te ayuda a comprender el significado de las Escrituras.

4. **Examen de conciencia con la Letanía de contrición y el Padrenuestro**

   Después de la homilía habrá un período de silencio. El sacerdote puede dirigir a los concurrentes en un examen de conciencia, seguido de la oración de confesión y la letanía o canción. Luego todos dirán juntos el Padrenuestro.

5. **Confesión individual, dar la penitencia y la absolución**

   Mientras esperas tu turno para hablar con el sacerdote, puedes orar silenciosamente o cantar con los otros. Cuando te toque a ti, confiesa tus pecados al sacerdote. Él te hablará sobre cómo puedes portarte mejor y te dará una penitencia. Después, el sacerdote dirá la oración de absolución.

6. **Ritos de despedida**

   Después de que todos se hayan confesado individualmente, únete a los demás cantando una canción o diciendo una oración o letanía de agradecimiento. El sacerdote pronunciará la última oración y bendecirá a los congregantes. Luego el sacerdote o el diácono despedirá a la congregación.

- Después de celebrar el sacramento, haz tu penitencia tan pronto como sea posible.

Rito individual de la Reconciliación

- Antes de celebrar el sacramento de la Reconciliación, toma tiempo para examinar tu conciencia. Pide la ayuda del Espíritu Santo.
- Espera tu turno para entrar en el salón de la Reconciliación.
- Puedes estar cara a cara con el sacerdote o separado de él por un tabique.

1. **Bienvenida**

   El sacerdote te saludará e invitará a decir la Señal de la Cruz.

2. **Lectura de las Escrituras**

   El sacerdote puede leer o recitar un pasaje de la Biblia. El sacerdote puede invitarte a leer algo de las Escrituras.

3. **Confesión de los pecados y la penitencia**

   Di tus pecados al sacerdote. Él te hablará sobre cómo puedes mejorar. Luego te dará una penitencia.

4. **Acto de Contrición**

   Di un Acto de Contrición.

5. **Absolución**

   El sacerdote pondrá su mano sobre tu cabeza y dirá la oración de absolución. Al mismo tiempo que dice las últimas palabras, hará la Señal de la Cruz.

6. **Oración final**

   El sacerdote orará: "Da gracias al Señor porque es bueno". Tú contestarás: "Su misericordia es eterna". Luego el sacerdote se despedirá de ti.

- Después de celebrar el sacramento, lleva a cabo tu penitencia tan pronto como sea posible.

Glosario ilustrado
de la Reconciliación

absolución

Perdón que recibimos de Dios a través de la Iglesia en el sacramento de la Reconciliación. La palabra *absolver* quiere decir "perdonar".

celebración comunitaria

Una manera de celebrar el sacramento de la Reconciliación. En una celebración comunitaria, los congregantes se reúnen para orar y oír la palabra de Dios. Luego cada penitente se confiesa, recibe una penitencia y es absuelto en privado.

celebración individual

Una manera de celebrar el sacramento de la Reconciliación. En una celebración individual, el penitente se reúne con el sacerdote en privado. Luego se confiesa, recibe una penitencia y es absuelto en privado.

confesión

Decir nuestros pecados a un sacerdote en el sacramento de la Reconciliación. Lo que confesamos al sacerdote es privado.

contrición

El arrepentimiento de los pecados y un deseo de mejorar (un firme propósito de rectificar). La contrición es nuestro primer paso hacia el perdón. Como parte del sacramento de la Reconciliación, rezamos un **Acto**, u oración, de **Contrición**.

Escrituras

La palabra de Dios contenida en la Biblia. La palabra *escrituras* quiere decir "escritos sagrados." Las escrituras se usan para reflexionar sobre el amor y el perdón de Dios en el sacramento de la Reconciliación. Un **lector** pronuncia las escrituras en la misa o en otras celebraciones litúrgicas. El diácono o sacerdote pronuncia el evangelio.

examen de conciencia

Una manera devota de reflexionar sobre nuestras vidas y compararlas con los Diez Mandamientos, las Bienaventuranzas, la vida de Jesús y las enseñanzas de la Iglesia.

pecado

La decisión de desobedecer a Dios. El pecado puede ser grave **(mortal)** o menos grave **(venial)**. Decidimos pecar deliberadamente. No es un error o un accidente. Aceptamos el perdón bondadoso de Dios de nuestros pecados cuando mostramos, por medio de nuestro arrepentimiento y un firme propósito de rectificar, que queremos mejorar.

penitencia

Oraciones y acciones hechas con la ayuda de Dios para remediar el daño causado por nuestros pecados. En el sacramento de la Reconciliación, el sacerdote nos da una penitencia. La celebración del sacramento de la Reconciliación se llama **rito penitencial.**

penitente

La persona que confiesa sus pecados al sacerdote en el sacramento de la Reconciliación.

sacerdote

Un hombre ordenado para servir a Dios y a la Iglesia celebrando los sacramentos, predicando y oficiando la misa. El sacerdote es el **confesor,** o ministro del sacramento de la Reconciliación. Para la Reconciliación, el sacerdote usa una estola. La **estola** es el símbolo de la obediencia del sacerdote hacia Dios y de su autoridad sacerdotal.

salón para la Reconciliación

Un salón o capilla en la cual el confesor oye la confesión de los pecados del penitente. Normalmente, el salón tiene sillas, un sitio para arrodillarse, una mesa para la Biblia, una vela y un biombo que se puede usar como división entre el sacerdote y el penitente.

Celebrar
nuestra fe

Celebrating Communion

**I will receive
Holy Communion
for the first time
during the celebration
of the Eucharist**

on

_____

(date)

at

_____

(name of church)

**I ask my family,
godparents,
teacher, classmates,
friends, and everyone in
my parish community
to help me prepare for
this celebration.**

_____

(signed)

**Here are the names of
people who are helping
me prepare to celebrate
Eucharist.**

Celebración de la Comunión

**Recibiré la
Sagrada Comunión
por primera vez
durante la celebración de la Eucaristía
el**

_____

(fecha)

en

_____.

(nombre de la iglesia)

**Les pido a mi familia, mis padrinos,
mi maestro, mis compañeros de clase, mis amigos
y a toda la comunidad parroquial
que me ayuden a prepararme para esta celebración.**

_____

(firma)

**Éstas son las firmas de las personas que me ayudan
a prepararme para celebrar la Eucaristía.**

Una bendición de iniciación

"¡Soy el pan que da vida!
El que viene a mí no tendrá hambre jamás".

—Juan 6, 35

Líder: Hoy nos reunimos para continuar la jornada de iniciación a medida que se preparan para recibir la Comunión por primera vez.
Estamos listos para aprender de los demás y de nuestra comunidad de la iglesia.
Y por eso rezamos:
Dios, Padre nuestro, acepta nuestras gracias y alabanzas por tu gran amor.
Jesús, Hijo de Dios, acompáñanos en el sacramento de la Eucaristía.
Espíritu Santo, ayúdanos a crecer como miembros del Cuerpo de Cristo.

Lector: *Lectura del Evangelio de San Juan 6, 32–40.*
Palabra de Dios.

Todos: **Demos gracias a Dios.**

Líder: Pidamos a Dios que nos bendiga en nuestra jornada.

Todos: **Santísima Trinidad, dirígenos a la mesa de la Eucaristía.**
Enséñanos a amarnos unos a otros como Tú nos amas.
Ayúdanos a ser señales vivas de tu presencia en el mundo
y dirígenos a la plenitud de tu reino.
Oramos con las palabras que Jesús nos enseñó.
(Se reza el Padrenuestro.)

Líder: Que el Señor esté con nosotros, ahora y siempre.

Todos: **¡Amén!**

A Blessing for Beginnings

"I am the bread that gives life!
No one who comes to me will ever be hungry."

—John 6:35

Leader: Today we gather to continue your journey of initiation as you prepare to receive Communion for the first time.
We are ready to learn from one another and from our Church community.
And so we pray: God our Father, accept our thanks and praise for your great love.
Jesus, Son of God, be with us in the Sacrament of the Eucharist.
Holy Spirit, help us grow as members of the Body of Christ.

Reader: *Read John 6:32–40.*
The word of the Lord.

All: **Thanks be to God.**

Leader: Let us ask God's blessing on our journey together.

All: **Holy Trinity, lead us to the table of the Eucharist. Teach us to love one another as you love us. Help us be living signs of your presence in the world, and lead us to the fullness of your kingdom. We pray in the words that Jesus taught us.**
(Pray the Lord's Prayer.)

Leader: May the Lord be with us, now and always.

All: **Amen!**

BELONGING

Your Life

To which team, group, or organization have you wanted to belong but were not invited or accepted? Use an initial, a word, or sketch a symbol to represent your answer.

PERTENECER

Tu vida

¿A qué equipo, grupo u organización has querido pertenecer pero no fuiste invitado o aceptado? Usa una inicial, palabra o dibuja un símbolo para representar tu respuesta.

70 : Somos invitados

Todos necesitamos sentir que somos aceptados. Cuando eres aceptado, compartes momentos y amor con los demás. Ayudas a las personas y ellas te ayudan a ti. La mayoría de los jóvenes conoce el sentimiento de no pertenecer a un equipo o grupo del que querían realmente formar parte.

Tú tienes un nombre y un apellido. Tu nombre refleja tu individualidad. Eres diferente de tu hermano o hermana. Pero tu apellido refleja la familia de la que formas parte.

Lo mismo sucede con tu fe. Tienes tu propia manera de rezar y relacionarte con Dios. Tienes tus propias preguntas y experiencias de fe. Pero también tienes una "familia" de fe a la que perteneces.

Eres miembro de la familia de la fe católica. Te convertiste en un miembro de esta familia cuando te bautizaron. Mediante el Bautismo te convertiste en un seguidor de Jesucristo. Te convertiste en un católico **cristiano** en la familia de Dios.

Somos invitados : 71

Everyone needs to belong. When you belong, you share time and love with others. You help people, and they help you. Most young people know the feeling that comes from not belonging to a team or group that they really wanted to join.

You have a first name and a last name. Your first name reflects your individuality. You are different from your brother or sister. But your last name reflects the family of which you are a part.

It is the same way with your faith. You have your own individual way of praying and relating to God. You have your own faith questions and experiences. But you also have a faith "family" to whom you belong.

You are a member of the Catholic faith family. You became a member of this family when you were baptized. Through Baptism you became a follower of Jesus Christ. You became a Catholic **Christian** in the family of God.

In the Name of Jesus Christ

The following first-person account tells us how the Christian community got its start.

I remember that morning. I was in Jerusalem with my family for the Jewish feast of **Pentecost.** We saw a great crowd gathered. A man named Peter was speaking.

"Friends!" Peter said in a loud voice. "You know that Jesus was a great teacher sent by God. Jesus died on a cross, but that was not the end of the story!"

En el nombre de Jesucristo

La siguiente narración en primera persona nos dice cómo comenzó la comunidad cristiana.

Recuerdo esa mañana. Estaba en Jerusalén con mi familia celebrando la fiesta judía de **Pentecostés.** Vimos que se juntaba una gran muchedumbre. Un hombre llamado Pedro hablaba.

"¡Amigos!" dijo Pedro en voz alta. "Saben que Jesucristo fue el gran maestro enviado por Dios. Jesús murió en la cruz, pero la historia no terminó allí".

72 : Recordamos

"Dios liberó a Jesús de la muerte", continuó Pedro. "Jesús resucitó de la tumba y ahora está con su Padre en el cielo. Este mismo día nos envió al **Espíritu Santo** como nos había prometido. No solo por nosotros, sus amigos, sino también por ustedes y sus hijos".

"¿Qué debemos hacer?" enunció mi padre.

"Unirse a Dios, mi amigo", contestó Pedro. "Ser bautizado en nombre de Cristo. Entonces, también recibirás al Espíritu Santo".

Esa mañana me bautizaron con toda mi familia. Ahora todos pertenecemos a la familia de Jesucristo.

–basado en Hechos de los apóstoles 2

Recordamos : 73

"God set Jesus free from death," Peter continued. "Jesus rose from the tomb, and now he is with his Father in heaven. This very day he sent the **Holy Spirit** to us as he had promised. That promise is not just for us, his friends. It is for you and your children, too!"

"What must we do?" my father called out.

"Turn to God, my friend," Peter answered. "Be baptized in the name of Jesus Christ. Then you will receive God's Holy Spirit, too."

That morning I was baptized with my whole family. Now we all belong to the family of Jesus Christ.

—based on Acts 2

CAPÍTULO 7

Baptism and Confirmation

The Catholic Church welcomes new members through Baptism, Confirmation, and Eucharist. These sacraments are called **Sacraments of Initiation**, or "belonging."

We celebrate Baptism with water and holy words. All living things need water to stay alive. We need the water of Baptism to have new life forever with God.

The words of Baptism tell us that we belong to God. "I baptize you in the name of the Father, and of the Son, and of the Holy Spirit."

El Bautismo y la Confirmación

La Iglesia Católica recibe a nuevos miembros por medio del Bautismo, la Confirmación y la Eucaristía. Estos sacramentos se llaman los **sacramentos de iniciación**, o sea, de "pertenecer".

Celebramos el Bautismo con agua y palabras santas. Todos los seres vivos necesitan agua para vivir. Nosotros necesitamos el agua del Bautismo para vivir eternamente en Dios.

Las palabras del Bautismo nos dicen que pertenecemos a Dios. "Te bautizo en el nombre del Padre, del Hijo y del Espíritu Santo".

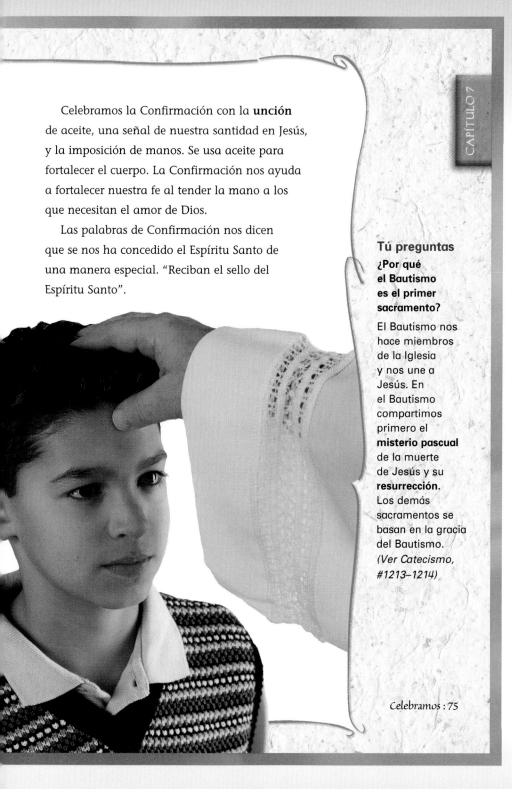

Celebramos la Confirmación con la **unción** de aceite, una señal de nuestra santidad en Jesús, y la imposición de manos. Se usa aceite para fortalecer el cuerpo. La Confirmación nos ayuda a fortalecer nuestra fe al tender la mano a los que necesitan el amor de Dios.

Las palabras de Confirmación nos dicen que se nos ha concedido el Espíritu Santo de una manera especial. "Reciban el sello del Espíritu Santo".

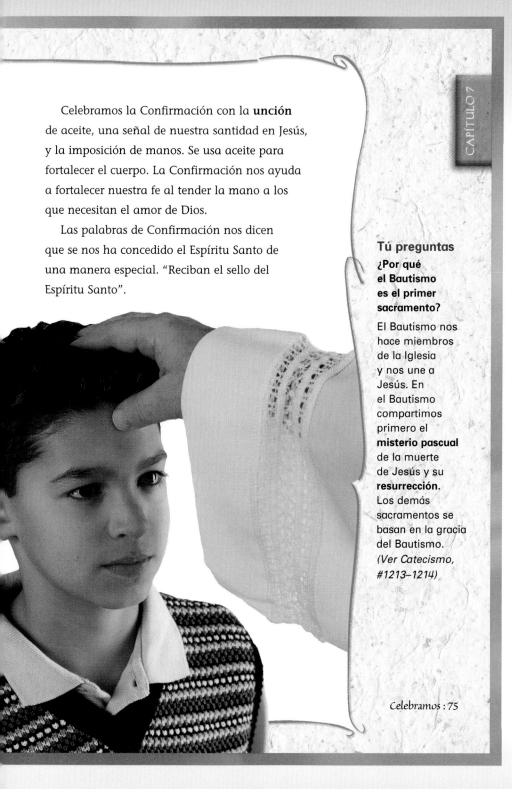

Tú preguntas

¿Por qué el Bautismo es el primer sacramento?

El Bautismo nos hace miembros de la Iglesia y nos une a Jesús. En el Bautismo compartimos primero el **misterio pascual** de la muerte de Jesús y su **resurrección.** Los demás sacramentos se basan en la gracia del Bautismo. *(Ver Catecismo, #1213–1214)*

Celebramos : 75

We celebrate Confirmation by being **anointed** with oil, a sign of our new holiness in Jesus, and by the laying on of hands. Oil is used to make the body strong. Confirmation helps us grow strong in our faith as we reach out to others who need God's love.

The words of Confirmation tell us that we have been given the Holy Spirit in a special way. "Be sealed with the Gift of the Holy Spirit."

You Ask

Why is Baptism the first sacrament?

Baptism makes us members of the Church and joins us to Jesus. In Baptism we first share in the **Paschal mystery** of Jesus' death and **resurrection.** All the other sacraments build on the grace of Baptism. *(See Catechism, #1213–1214)*

CAPÍTULO 7

Living Your Faith

Signed with the Cross

Write or draw three or four different ways you can be a sign of the cross for others.

Vivir tu fe

La Señal de la Cruz

Escribe o dibuja tres o cuatro maneras diferentes en que puedes ser una señal de la cruz para los demás.

76 : Vivimos la Eucaristía

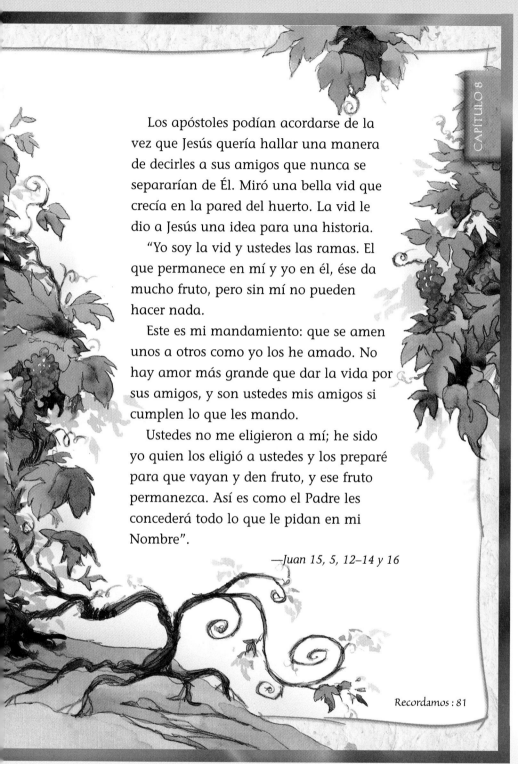

Los apóstoles podían acordarse de la vez que Jesús quería hallar una manera de decirles a sus amigos que nunca se separarían de Él. Miró una bella vid que crecía en la pared del huerto. La vid le dio a Jesús una idea para una historia.

"Yo soy la vid y ustedes las ramas. El que permanece en mí y yo en él, ése da mucho fruto, pero sin mí no pueden hacer nada.

Este es mi mandamiento: que se amen unos a otros como yo los he amado. No hay amor más grande que dar la vida por sus amigos, y son ustedes mis amigos si cumplen lo que les mando.

Ustedes no me eligieron a mí; he sido yo quien los eligió a ustedes y los preparé para que vayan y den fruto, y ese fruto permanezca. Así es como el Padre les concederá todo lo que le pidan en mi Nombre".

—*Juan 15, 5, 12–14 y 16*

The apostles could have recalled a time when Jesus wanted to find a way to tell his friends they would never be separated from him. He looked at a beautiful grapevine growing along the garden wall. The grapevine gave Jesus an idea for a story.

"I am the vine, you are the branches. Whoever remains in me and I in him will bear much fruit, because without me you can do nothing.

"This is my commandment: love one another as I love you. No one has greater love than this, to lay down one's life for one's friends. You are my friends if you do what I command you.

"It was not you who chose me, but I who chose you and appointed you to go and bear fruit that will remain, so that whatever you ask the Father in my name he may give you."

—*John 15:5, 12–14, and 16*

Your Communion

As was said in the previous chapter, we become fully initiated into the Catholic Church through the Sacraments of Initiation. We are baptized. We are sealed with the Holy Spirit in Confirmation. We receive Jesus in Holy Communion. This is the way we accept Jesus' invitation to stay close to him.

Tu comunión

Como se dijo en el capítulo anterior, nos iniciamos completamente en la Iglesia Católica a través de los sacramentos de iniciación. Somos bautizados. Recibimos el sello del Espíritu Santo en la Confirmación. Recibimos a Jesús en la Sagrada Comunión. Así es como aceptamos la invitación de Jesús de estar cerca de Él.

82 : Celebramos

Los sacramentos de iniciación nos unen a Jesús y a todos sus seguidores. Jesús es la cabeza y todos los creyentes forman el **Cuerpo de Cristo.**

Personas de todas las edades celebran los sacramentos de iniciación para hacerse miembros totales de la Iglesia.

Nuestra Iglesia invita a adultos y a algunos niños al Cuerpo de Cristo por medio del rito de iniciación cristiana de adultos. A otras personas las bautizan cuando son bebés. Después, aproximadamente a la edad de siete años, celebran la Primera Reconciliación y la Primera Comunión. Son confirmadas más adelante.

Tú preguntas

¿Con qué frecuencia debemos recibir la Comunión?

El Bautismo y la Confirmación se celebran una vez en la vida. Nos hacen propiedad de Dios para siempre. Pero después de recibir la Comunión por primera vez, se nos anima a ir al altar una y otra vez durante nuestras vidas ya que la Eucaristía es la fuente y la cumbre de la vida cristiana. Cada vez que celebramos la Eucaristía en la misa, se recomienda que recibamos a Jesús en la Comunión si estamos libres de pecado mortal. *(Ver Catecismo, #1388)*

The Sacraments of Initiation join us together with Jesus and with all his followers. Jesus is the head and all believers are the **Body of Christ.**

People of all ages celebrate the Sacraments of Initiation to become full members of the Church. Our Church invites adults and some children into the Body of Christ through the Rite of Christian Initiation of Adults. Other people are baptized as babies. Then, around the age of seven, they celebrate First Reconciliation and First Communion. They are confirmed some time later.

You Ask

How often should we receive Communion?

Baptism and Confirmation are once-in-a-lifetime celebrations. They mark us as God's own forever. But after we have received Communion for the first time, we are encouraged to come to the altar again and again throughout our lives as the Eucharist is the source and summit of the Christian life. Each time we celebrate the Eucharist at Mass, it is recommended that we receive Jesus in Communion if we are free of serious sin. *(See Catechism, #1388)*

Living Your Faith

My Response

When you receive an invitation, you have a responsibility to respond to it. Jesus invites you to grow closer to him by receiving Communion. Finish the following sentence in your own words about the response you want to make to Jesus' invitation. Sign your name.

Dear Jesus,

Thank you for inviting me to eat at your table. I want to receive you often. Here's what you can expect from me:

_____

_____

_____

_____

_____

_____

_____

Love,

_____

Vivir tu fe

Mi respuesta

Cuando recibes una invitación, tienes el deber de responderla. Jesús te invita a acercarte a Él al recibir la Comunión. Completa con tus propias palabras la siguiente oración sobre cómo responderías a la invitación de Jesús. Luego firma.

Querido Jesús:

Gracias por invitarme a comer en tu mesa. Quiero recibirte a menudo. Esto es lo que debes esperar de mí:

_____

_____

_____

_____

_____

_____

_____

_____

_____

Con amor,

_____

They ate their meals with exultation and sincerity of heart, praising God and enjoying favor with all the people. And every day the Lord added to their number those who were being saved.

—*based on Acts 2:42–47*

Comían con júbilo y sinceridad de corazón, alabando a Dios y disfrutando con todos los demás. Y todos los días el Señor agregaba al grupo a aquéllos que eran salvados.

—*basado en Hechos de los apóstoles 2, 42–47*

The Mass Begins

From the very beginning, it's easy to see that the Mass is a celebration. It often begins with an entrance hymn and procession. A hymn is a holy song. The procession is a special entrance of ministers who will help us celebrate.

The prayers and actions of the beginning of the Mass are called the **Introductory Rites.** The symbols given respect during the procession help us turn our hearts and minds to the great celebration of the Eucharist.

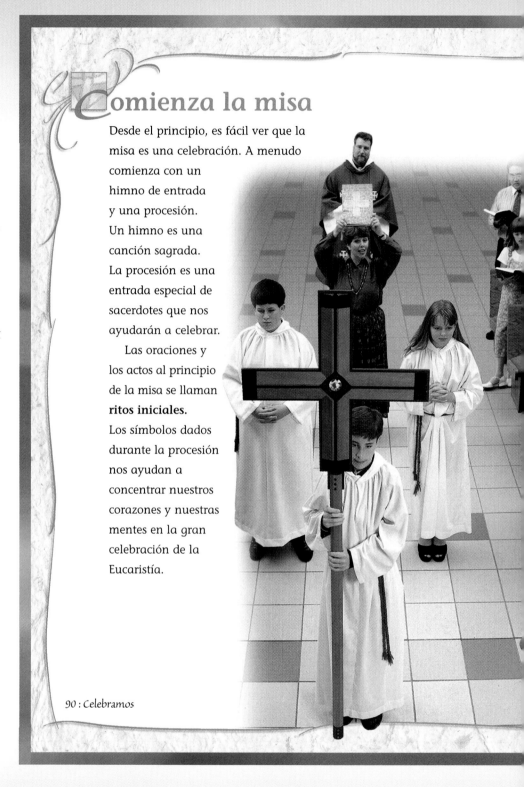

Comienza la misa

Desde el principio, es fácil ver que la misa es una celebración. A menudo comienza con un himno de entrada y una procesión. Un himno es una canción sagrada. La procesión es una entrada especial de sacerdotes que nos ayudarán a celebrar.

Las oraciones y los actos al principio de la misa se llaman **ritos iniciales.** Los símbolos dados durante la procesión nos ayudan a concentrar nuestros corazones y nuestras mentes en la gran celebración de la Eucaristía.

Jesús está realmente presente en cada parte de la misa. Él está verdaderamente con nosotros en la Comunión, pero también está con nosotros presente en el sacerdote, la única persona que puede **oficiar** o dirigir la Eucaristía y consagrar el pan y el vino. Jesús está presente en los otros ministros. Él está presente en la reunión de todos nosotros, la **congregación** y en nuestras actividades.

En la misa nos reunimos para celebrar el mismo misterio pascual que celebramos en el Bautismo. Nos bendecimos con agua de la pila bautismal o de agua bendita cuando entramos en la iglesia. La misa comienza con la Señal de la Cruz, las mismas palabras con las que fuimos bautizados. "En el nombre del Padre, del Hijo y del Espíritu Santo. ¡Amén!"

Tú preguntas

¿Por qué celebramos la Eucaristía cada semana?

Reunirnos para la misa cada semana es la manera en que mostramos que pertenecemos al Cuerpo de Cristo porque la Eucaristía es la fuente y la cumbre de la vida cristiana. Tenemos el **deber,** o sea, la responsabilidad de participar en la misa una vez a la semana, el domingo o el sábado en la tarde, y en los días de fiesta. Mientras más celebramos, más nos acercamos a Jesús y al prójimo.
(Ver Catecismo, #2180–2182)

Celebramos : 91

Jesus is really present in every part of the Mass. He is most truly with us in Communion, but he is also with us in the priest, the only person who can **preside** at, or lead, the Eucharist and consecrate the bread and the wine. Jesus is present in the other ministers. He is present in all of us gathered, the **assembly**, and in our activities.

At Mass we gather to celebrate the same Paschal mystery we celebrate in Baptism. We bless ourselves with water from the baptismal font or holy water font when we come into the church. The Mass begins with the Sign of the Cross, the same words with which we were baptized: "In the name of the Father, and of the Son, and of the Holy Spirit. Amen!"

You Ask

Why do we celebrate the Eucharist every week?

Gathering for Mass every week is how we show that we belong to the Body of Christ, for the Eucharist is the source and summit of the Christian life. We have a **duty**, or responsibility, to participate in the Mass once a week, on Sunday or on Saturday evening, and on holy days. The more we celebrate, the closer we come to Jesus and to one another.
(See Catechism, #2180–2182)

We Celebrate : 91

Living Your Faith

Celebrating the Mass

In the space below, draw symbols or write words that identify everything you like about going to Mass. (See if you can come up with five or more.)

Vivir tu fe

Celebrar la misa

En el siguiente espacio, dibuja símbolos o escribe palabras que identifiquen todo lo que te gusta de ir a misa. (Fíjate si puedes pensar en cinco cosas o más).

92 : Vivimos la Eucaristía

CAPÍTULO 14

¿Qué puedo hacer?

"No dejes que te critiquen por ser joven. Trata de ser el modelo de los creyentes por tu manera de hablar, tu conducta, tu caridad, tu fe y tu vida irreprochable" (1 Timoteo 4, 12).

En este momento de preparación sacramental, te has dado cuenta de que como católico, tú:

Has sido incluido—ahora incluye a los demás.

Has sido invitado—ahora invita a los demás.

Eres parte de la celebración—ahora celebra todas las cosas buenas que Dios te ha dado.

Eres alimentado espiritualmente—ahora alimenta el espíritu de otros.

Has recibido el pan de vida—ahora parte el pan con tus amigos y aquéllos a quienes amas.

Recuerdas el sacrificio y las enseñanzas de Jesús—ahora fíjate y recuerda los momentos de gracia de Dios.

Eres llamado y enviado—ahora lleva el don de tu fe y tus aptitudes a los necesitados.

Resume lo que significa para ti "vivir la Eucaristía".

Amado Dios—Padre, Hijo y Espíritu Santo—gracias por acercarte a nosotros en la Eucaristía. Ayúdame a vivir la Eucaristía en el mundo. ¡Amén!

What Can I Do?

"Let no one have contempt for your youth, but set an example for those who believe, in speech, conduct, love, faith, and purity" (1 Timothy 4: 12).

In this time of sacramental preparation, you have seen that as a Catholic:

You have been included—now go and include others.

You have been invited—now go and invite others.

You are part of the celebration—now go and celebrate the many good things God has given you.

You are spiritually nourished—now go and nourish the spirits of others.

You are given the bread of life—now go and break bread with friends and loved ones.

You remember Jesus' sacrifice and teachings—now go, notice, and remember God's moments of grace.

You are called and sent—now go and deliver the gift of your faith and abilities where needed.

Summarize what "living the Eucharist" now means to you.

Dear God—Father, Son, and Holy Spirit—thank you for coming to us in the Eucharist. Help me live the Eucharist out in the world. Amen!

Oraciones católicas

La Señal de la Cruz

En el nombre del Padre,
del Hijo
y del Espíritu Santo.
Amén.

El Padrenuestro

Padre nuestro, que estás en el cielo,
santificado sea tu nombre;
venga a nosotros tu reino;
hágase tu voluntad en la tierra como en el cielo.
Danos hoy nuestro pan de cada día
y perdona nuestras ofensas
como nosotros perdonamos a los que nos
ofenden.
No nos dejes caer en tentación
y líbranos del mal.
Amén.

El Avemaría

Dios te salve, María, llena eres de gracia;
el Señor está contigo.
Bendita tú eres entre todas las mujeres
y bendito es el fruto de tu vientre, Jesús.
Santa María, Madre de Dios,
ruega por nosotros, pecadores,
ahora y en la hora de nuestra muerte.
Amén.

El Gloria (Doxología)

Gloria al Padre,
y al Hijo,
y al Espíritu Santo,
como era en un principio,
ahora y siempre,
por los siglos de los siglos.
Amén.

Bendición antes de la Primera Comunión

Que el Señor Jesús toque tus oídos para recibir su palabra
y tu boca para proclamar su fe.
Que vayas con gozo a su cena
para alabar y glorificar a Dios.
Amén.

Oración antes de la Comunión

Qué sagrada es esta cena
en la que Cristo es nuestro alimento;
su pasión es recordada,
la gracia llena nuestros corazones
y recibimos la promesa de la gloria futura.

—basada en una oración de Tomás de Aquino

Acción de gracias después de la Comunión

Señor nuestro Dios,
honramos la memoria de San Pío X
y todos tus santos
al compartir el pan del cielo.
Que fortalezca nuestra fe
y nos unifique en tu amor.
Te lo pedimos en nombre de Jesucristo nuestro Señor.
Amén.

Ordinario de la misa

Ritos iniciales

- **Canto de entrada** Cantamos un himno o salmo a medida que el sacerdote y otros ministros caminan al altar.

- **Saludo** El sacerdote, la única persona que puede oficiar la Eucaristía, comienza diciendo la Señal de la Cruz. El pueblo contesta: "Amén".

- **Rito de la bendición y rocío de agua bendita o rito penitencial** A veces la congregación es bendecida con agua bendita. A veces el sacerdote nos pide que recordemos nuestros pecados y que le pidamos perdón a Dios diciendo: "Señor, ten piedad, Cristo, ten piedad, Señor, ten piedad".

- **Gloria** Cantamos o rezamos esta oración de alabanza.

- **Oración inicial** Nos preparamos para oír la palabra de Dios. El sacerdote dice: "Oremos . . ." El pueblo contesta: "Amén".

Liturgia de la palabra

- **Primera lectura** Esta lectura por lo general se toma del Antiguo Testamento. Las historias cuentan sobre lo que pasó antes del nacimiento de Jesús. El lector termina diciendo: "Palabra de Dios". El pueblo contesta: "Te alabamos, Señor".

- **Salmo responsorial** Ésta es una oración tomada del libro de Salmos. El pueblo repite la respuesta después de cada verso.

- **Segunda lectura** Esta lectura se toma de las cartas del Nuevo Testamento. Las cartas cuentan de las acciones de los primeros cristianos. El lector dice: "Palabra de Dios". El pueblo contesta: "Te alabamos, Señor".

- **Aclamación del Evangelio (Aleluya)** Nos ponemos de pie y damos la bienvenida a las buenas noticias con una palabra que significa "¡Alabado sea el Señor!"

- **Evangelio** El diácono o el sacerdote lee de los libros del Nuevo Testamento que cuentan la historia de la vida de Jesús y sus enseñanzas. Antes de comenzar la lectura, el diácono o el sacerdote dice: "El Señor esté con ustedes". El pueblo contesta: "Y con tu espíritu". El diácono o el sacerdote dice: "Lectura del santo Evangelio según san (nombre)". El pueblo contesta: "Gloria a ti, Señor". Después de la lectura del Evangelio, el diácono o el sacerdote dice: "Palabra del Señor". El pueblo contesta: "Gloria a ti, Señor Jesús".

- **Homilía** El sacerdote o el diácono nos explica el significado actual de la palabra de Dios.

io de la misa

- **Profesión de Fe (Credo)**   Nos ponemos de pie y proclamamos nuestras creencias.
- **Oración de los fieles**   Rezamos por las necesidades de todo el mundo. El diácono o el lector lee las súplicas, cada una terminando con: "Roguemos al Señor". El pueblo contesta después de cada súplica: "Te lo pedimos, Señor".

Liturgia eucarística

- **Canto de ofertorio (Presentación de las ofrendas)**   Presentamos las ofrendas de pan y vino, y de nosotros mismos para ofrecer a Dios. Se recolecta dinero para las necesidades de la Iglesia. Cantamos un himno de ofrenda.
- **Preparación del pan y el vino**   Damos gracias a Dios por el pan y el vino. El sacerdote dice: "Bendito seas, Señor, Dios de toda la creación..." El pueblo contesta: "Bendito seas por siempre, Señor".
- **Oración sobre las ofrendas**   El sacerdote le pide a Dios que bendiga y acepte nuestras ofrendas. El sacerdote dice: "Orad, hermanos, para que este sacrificio mío y de ustedes sea agradable a Dios, Padre todopoderoso". El pueblo contesta: "El Señor reciba de tus manos este sacrificio para alabanza y gloria de su nombre, para nuestro bien y el de toda su santa Iglesia".
- **Prefacio**   El sacerdote comienza la oración de la Eucaristía recordando, en presencia de la congregación, la bondad maravillosa de Dios.
- **Aclamación (Santo, Santo, Santo es el Señor)**   El pueblo unido canta o reza esta respuesta al Prefacio.
- **Oración de la Eucaristía**   La oración de la Eucaristía es nuestra oración principal de agradecimiento. El sacerdote reza en nombre de nosotros. Le pide al Espíritu Santo que nos bendiga a nosotros y a nuestras ofrendas. Él usa las palabras de Jesús en la Última Cena para consagrar el pan y el vino. Éstos se convierten en el Cuerpo y la Sangre de Cristo.
- **Aclamación del memorial**   Proclamamos nuestra creencia de que Jesús está verdaderamente presente. Hay varias versiones de esta aclamación.
- **Gran amén**   El sacerdote concluye la oración de la Eucaristía con un canto o diciendo: "Por él y en él, en la unidad del Espíritu Santo, todo honor y toda gloria, por los siglos de los siglos". El pueblo contesta: "Amén". Nos unimos a la ofrenda de Jesús al Padre por el poder del Espíritu Santo.

Rito de la Comunión

- **Padrenuestro**   Rezamos las palabras que Jesús nos enseñó.

- **Rito de la paz**   Nos damos la paz dando la mano a los que están a nuestro alrededor.

- **Fracción del pan**   El sacerdote parte un pequeño trozo de la hostia consagrada y lo coloca en el cáliz. Esto muestra que todas las misas son una sola. La hostia consagrada se divide en pedazos. Esto muestra que todos compartimos el Cuerpo de Cristo.

- **Cordero de Dios**   El pueblo canta o dice una canción de alabanza a Jesús, el Cordero de Dios.

- **Oraciones antes de la Comunión**   El sacerdote hace una genuflexión y sostiene la hostia consagrada. Él dice: "Éste es el Cordero de Dios que quita el pecado del mundo. Dichosos los invitados a la cena del Señor". El pueblo contesta: "Señor, no soy digno de que entres en mi casa, pero una palabra tuya bastará para sanarme".

- **Sagrada Comunión**   Recibimos el Cuerpo y la Sangre de Cristo en la Sagrada Comunión. El sacerdote o el ministro de la Eucaristía dice: "El Cuerpo de Cristo". La persona que recibe el pan sagrado contesta: "Amén". El sacerdote o el ministro de la Eucaristía dice: "La Sangre de Cristo". La persona que recibe el vino sagrado contesta: "Amén".

- **Canto de Comunión o reflexión en silencio**   Se ofrece un canto u oración de agradecimiento.

- **Oración después de la Comunión**   El sacerdote le da gracias a Dios por compartir a Jesús con nosotros.

Rito de despedida

- **Despedida**   El sacerdote dice: "El Señor esté con ustedes". El pueblo contesta: "Y con tu espíritu".

- **Bendición**   Hacemos la Señal de la Cruz mientras el sacerdote le pide a Dios que nos bendiga. El pueblo contesta: "Amén".

- **Despedida**   Se nos despide y se nos pide que cumplamos la labor de Dios. El sacerdote dice: "Pueden ir en paz amando y sirviendo al Señor". El pueblo contesta: "Demos gracias a Dios".